**Tirso de Molina**

# Quien no cae
# no se levanta

Barcelona **2024**
**Linkgua-ediciones.com**

## Créditos

Título original: Quien no cae no se levanta.

© 2024, Red ediciones S.L.

e-mail: info@Linkgua-ediciones.com

Diseño de cubierta: Michel Mallard.

ISBN tapa dura: 978-84-9953-808-2.
ISBN rústica: 978-84-9816-533-3.
ISBN ebook: 978-84-9953-419-0.

# Sumario

## Brevísima presentación

### La vida

Tirso de Molina (Madrid, 1583-Almazán, Soria, 1648). España.

Se dice que era hijo bastardo del duque de Osuna, pero otros lo niegan. Se sabe poco de su vida hasta su ingreso como novicio en la Orden mercedaria en 1600 y su profesión al año siguiente en Guadalajara. Parece que había escrito comedias, al tiempo que viajaba por Galicia y Portugal. En 1614 sufrió su primer destierro de la corte por sus sátiras contra la nobleza. Dos años más tarde fue enviado a la Hispaniola (actual República Dominicana), regresó en 1618. Su vocación artística y su actitud contraria a los cenáculos culteranos no facilitó sus relaciones con las autoridades. En 1625, el Concejo de Castilla lo amonestó por escribir comedias y le prohibió volver a hacerlo bajo amenaza de excomunión. Desde entonces solo escribió tres nuevas piezas y consagró el resto de su vida a las tareas de la orden.

## Personajes

Cleandro, viejo
Leonela, criada
Lelio, galán
Margarita
Valerio
Alberto, lacayo
Britón, lacayo
Lisarda
Celio
Ludovico
Andronio
Roselio
Pinardo
Pinabel
Felicio
Un Ángel

## Jornada primera

(Salen Cleandro, de camino, Margarita y Leonela.)

Cleandro              No hay mucho desde aquí a Sena.
Laurencia tu tía, está
a la muerte, el verme allá
tiene de aliviar su pena.
Mi hermana es y hermana buena.
Sola ella pudiera ser
ocasión, hija, de hacer,
aunque corto, este camino,
que no es poco desatino
dejar sola una mujer
    moza y doncella en tu edad,
donde el vicio y la insolencia
habitan, porque Florencia
no tiene otra vecindad.
Parentesco y voluntad
me obligan; pero el temor
de tu edad y de mi honor,
viendo el peligro en que estás,
vuelven los pasos atrás
que da adelante mi amor.
    Hija, si una despedida
licencia de hablar merece,
por ver lo que se parece
a la muerte una partida,
haz cuenta que de la vida
en esta ausencia me alejo,
y como cansado y viejo,
no a Sena, al sepulcro voy;
y que en el paso en que estoy
te encamino y aconsejo.

Sola en mi casa naciste
de una madre a quien Florencia
aunque muerta, reverencia;
pero bien la conociste.
Nobleza antigua adquiriste;
lo mejor de esta ciudad,
honrando mi calidad,
pariente mayor me llama,
riqueza heredas y fama,
discreción y autoridad.
El verte sola, y querida
y celebrada en Florencia
dio a tu mocedad licencia
más suelta que recogida.
Al fin le costó la vida
a tu madre el conocerte
tan libre, y por no ofenderte,
ni con reñirte enojarte,
quiso más por adorarte
morirse que reprehenderte.
¿Cuántas veces te llamó
poniendo a tu vida freno,
y a solas, en nombre ajeno,
tus costumbres reprendió?
¿Cuántas veces te leyó
sucesos con que Dios toca
la mocedad libre y loca,
y temiendo darte enojos
te castigó con los ojos
lo que no osó con la boca?
Pues yo sé vez que, enojada
de ver tu desenvoltura,
tu libertad y locura
castigó en una crïada;

y tú, por esto agraviada,
en un mes no nos hablaste
ni a la cara nos miraste,
hasta que vino a quebrar
por nosotros, que a callar
y a sufrir nos obligaste.
    Todo esto causa el no haber
más de un hijo en una casa;
la edad vuela, el tiempo pasa;
solo ha de permanecer
la fama;  que en la mujer
corre peligro doblado;
tu honra es mi espejo amado.
Si le procuras quebrar,
¿cómo me podré mirar
en un espejo quebrado?

Margarita
    Pues ¿a qué efecto es agora
tan estudiado sermón?
¿Qué afrenta o disolución
en mí tu linaje llora?
¿Heme ido, como Lidora,
con algún hombre, perdida?
¿De qué ventana, atrevida,
de noche escala has quitado,
o qué persona has hallado
tras el tapiz escondida?
    ¡Oh, qué pesadas vejeces!

Cleandro
Soy pesado y tú liviana.
No vi escala en la ventana,
pero a ti sí, muchas veces;
y como en ella pareces
siempre, por más que te digo,

tu fama ha de ser castigo
de la licencia que toma;
que pocas veces se asoma
que no dé abajo consigo.
   Y si a caerse comienza
en la calle, ¿habrá quien calle?
No, que la fama en la calle
será fama a la vergüenza.
El recato al gusto venza;
no uses mal de mis regalos
para libres hijos, malos;
deja algún tiempo del día
palos de la celosía
que dan al honor de palos.
   ¿Qué oraciones y ejercicios
lees? Cuando estás despacio,
las novelas de Bocacio,
maestrescuela de los vicios.
Tus mangas darán indicios,
escritorio, cofre o arca
de los papeles que marca,
y con quien haces tu agosto
el furioso del Ariosto
y las obras del Petrarca.
   ¿Con tal compañía quieres
que tu honor no ande en demandas?
De los amigos con que andas
podremos sacar quién eres.
¿Qué gusto o provecho adquieras
de traer las faltriqueras
preñadas con las quimeras
de canciones y tercetos,
de liras y de sonetos,
de décimas o terceras?

Anda, que ninguno aprende
que no procure saber;
la poesía es mercader
que versos por honra vende.
Es fuego sordo que enciende.
Sus vanos terceros son
tercetos que al torpe son
de los sonetos que miras,
leyendo liras deliras,
dando a tu afrenta ocasión.

Margarita        Recoletándome vas
con industria peregrina.
¡Ea, vuélveme capuchina,
que así contento estarás!
No me traigas galas más.
Quítame el oro y la plata,
el chapín al alpargata
reduce, al sayal la seda,
porque encartujada pueda
ser a tu gusto beata.

Por onzas vienes a darme
la libertad de la vida,
pues aun vista tan medida
determinas cercenarme.
¿Qué daño ha de resultarme
de que las varas posea
de una celosía, y vea
por su confusa noticia?
A ser varas de justicia,
pudieran hacerme rea.

¿No es una jaula enredada?
¿Aún menos quieres que sea
que un pájaro, y que no vea

segura de ser mirada?
¿Qué monja hay tan encerrada
que, ya por rejas de acero,
ya por el rallo grosero
o vistas a ver no venga,
si aun no hay torno que no tenga
su socarrón agujero?
  ¡O pretendes con casarme
propagar tu sucesión,
o huyendo la condición
de un yerno, monja encerrarme!
Si lo primero has de darme,
deja que en canciones reales
las cortesanas señales
pueda aprender de un poeta,
que no han de hacerme discreta
los salmos penitenciales.
  Pero debes de gustar
que entre estameña y picote
me entre monja, porque el dote
temes que acá me has de dar.
La vejez toda es ahorrar.
Y pues ella me limita
lo que un convento aún no quita,
vete con Dios donde vas,
que a la vuelta me hallarás
recoleta o carmelita.

(Hace que se va; detiénela Leonela.)

Cleandro              Hija, Margarita, espera;
                      Leonela, vuélvela acá,
                      no te reñiré más ya.
                      Que soy viejo considera.

Prolija es la edad postrera;
llégate acá, abrázame,
todo es de burlas a fe;
ansí probarte he querido.
Tu virtud he conocido,
tu recogimiento sé.
    Quita el lienzo de los ojos,
no llores lágrimas vanas,
o en la holanda de estas canas
deposita tus despojos.
¿No ves que me das enojos
cuantas veces me amenazas
entrarte monja? Si trazas
matarme pronto, hazlo así.
¡Ea, por amor de mí!
¡De mala gana me abrazas!
    Pedirte quiero perdón;
dame la mano y pondréla
sobre la boca... Leonela,
¿dala el mal de corazón?

Leonela          De tu mala condición
                 mil es poco que la den.

Cleandro         Pues ¿ríñesme tú también?

Leonela          Si está por ti mi señora
                 de esta suerte cada hora
                 y la afliges, ¿no hago bien?

Cleandro             Buena anda toda mi casa.
                 ¡Oh amor de hijos imprudente!
                 Quiérola excesivamente;
                 no hay poner a mi amor tasa.

Con ella mi vejez pasa
en descanso.

Margarita             ¡Ay me!

Cleandro                ¿Volviste?

Margarita      No sé.

Cleandro           Ea, no estés triste.
Mírame alegre, y de Sena
te prometo una cadena
como a la que Lesbia viste;
   más si palabra me das
que no te has de meter monja.

Leonela       No es esta mala lisonja.

Margarita      Como no me digas más
vejeces, siempre hallarás
en mí una justa obediencia.

Cleandro      No oso salir de Florencia,
porque un monasterio temo.

Margarita      Ya se ha acabado este extremo.

Cleandro      Pues júralo.

Margarita           En mi conciencia.

Cleandro         Pues con esa condición
a verme parto a mi hermana.
Hasta después de mañana

orden en mi casa pon.

Margarita          Ni ventana ni balcón
la calle ha de ver abierto
hasta que vuelvas.

Cleandro                   Bien cierto
estoy que has de ejecutallo.
Ea, adiós. ¡Hola el caballo!
Amor todo es desconcierto.

(Vase.)

Leonela            Vaya con... iba a decir
una sarta de galeotes,
quítale al Sol los capotes
que ya te puedes reír.
    ¿Saco mantos?

Margarita               ¿Para qué?

Leonela         ¿No hemos de irnos a un convento?

Margarita         De Venus.

Leonela            ¡Buen fingimiento,
y de harto provecho a fe!
   No hay sino en riñendo el viejo
decir que a enmonjarte vas.
¡Buen «cata el coco» hallado has!

Margarita         No medro si no me quejo.

Leonela          No sino haceos miel. ¡Qué enfado

es un padre o madre vieja
cuando a una hija aconseja
sin quitársela del lado,
   que habiendo en su mocedad
no perdonado deleite,
conversación, gala, afeite,
fiesta, sarao ni amistad,
   más envidiosa que honrada,
riñe, aconseja, limita
en la mesa, en la visita,
y porque de desdentada
   no puede comer por vieja,
es perro del hortelano
que, con la col en la mano,
ni come, ni comer deja!

Margarita    No esgrime con ejercicio
quien no ha sido acuchillado,
ni hay amigo taimado
como el que es del mismo oficio.
   Los viejos de nuestros días
cansados e impertinentes,
que el gusto a falta de dientes
repasan con las encías
   papilla nos piensan dar
a los que al mundo venimos.

Leonela    Ésa al viejo se la dimos
ya que no puede mascar.
   Váyase el caduco al rollo;
y pues es tu edad en flor,
bollo de azúcar de amor,
busca quien coma ese bollo.
   Ni bien seas primavera

que toda en flores se va,
ni bien estío, que está
abrasado dentro y fuera.
   Entre abril y julio hay mayo
y junio, que dan tributo
parte en flor y parte en fruto,
en lo que has de hacerte ensayo.
   ¿Entiéndesme lo que digo?

Margarita          Anda, necia, que ya sé
que me aconsejas que dé
un medio al gusto que sigo.

Leonela            No como el abril en flores
pases el tiempo inconstante.
«Daca el guante, toma el guante»
papeles, cintas, colores;
   que hay mujer que el tiempo
pasa en aquestas chucherías,
y al cabo de muchos días
que a fuego lento se abrasa,
   cuando echa mano a la presa
que de sustancia ha de ser,
no se la dejan comer,
porque levantan la mesa.
   Buena es cuando alguno brinda
la guinda antes de la polla
y el melón entre la olla,
mas no ha de ser todo guinda;
   ni todo también pechuga,
sino, como el hortelano,
vaya poniendo la mano
entre col y col lechuga.
   Gasta tus años de modo

que, sin perdonar manjar,
puedas después afirmar
que sabes comer de todo.

Margarita          Maestra estás. Pon escuela.

Leonela           Dime en los estudios prisa.

Margarita          Aunque me has causado risa,
te pienso seguir, Leonela.
          Pero escucha: ¿Qué es aquello?

Leonela           Callejeros mercaderes.

(Alberto, de dentro, y luego sale con una caja llena de buhonería.)

Alberto           ¿Compran peines, alfileres,
trenzaderas de cabello,
          papeles de carmesí;
orejeras, gargantillas,
pebetes finos, pastillas,
estoraraque, menjuí,
          polvos para blanquear dientes
caraña, copay, anine,
pasta, aceite de canine,
abanillos, mondadientes.
          Sangre de drago en palillos,
dijes de alquimia y acero,
quinta esencia de romero,
jabón de manos, sebillos,
          franjas de oro milanés,
agua fuerte, adobo en masa
de manos. ¡Cristo sea en casa!
¿Quién llamaba aquí al francés?

| Leonela | Aquí, nadie. |
|---|---|

Alberto

¿Es menester
poner postizo algún diente?
Haréle naturalmente,
sin que al dormir o al comer
sea menester quitarle
ni haya quien la falta vea
por más curioso que sea,
aunque se llegue a mirarle.

Margarita

Gracias a Dios y al cuidado
buena dentadura tengo.

(A Leonela.)

Alberto

Señora hermosa, no vengo
en balde. ¿Cómo ha dejado
crïar ahí tanta toba?
¡Jesús, qué perdida está
la dentadura!

Leonela

Será
porque soy tan grande boba
que nunca cuido de mí.

Alberto

Mas ¿por qué come a menudo
confitura del desnudo?

Leonela

Si es del amor, así, así.

Alberto

Pues verá en distancia poca
cuál la dejo; asiéntese,

la toba la quitaré.

Leonela          ¡Ay, Jesús! ¿Hierro en mi boca?
                     Váyase con Dios, hermano.
                 Quitese allá.

Alberto                       Pues ¿rehúsa
                 lo que la importa y no excusa,
                 el remedio de mi mano?
                     Si quiere no desdentarse,
                 aqueste polvillo tome,
                 que la toba limpia y come
                 los dientes; ha de estregarse
                     al levantarse muy bien
                 enjugándose con vino
                 y con un paño de lino
                 hasta que enjutos estén;
                     que, como tenga cuidado,
                 brevemente encarnarán
                 y de marfil quedarán.

Leonela          ¿Cuánto vale?

Alberto                       Un ducado;
                     pero sírvase con ellos,
                 no riñamos por el precio.

Leonela          No es el merecero necio.

Alberto          Para enrubiar los cabellos
                     tengo una raíz famosa.

Margarita        Fuéme el cielo tan propicio
                 que sin buscar artificio

**22**

los tengo cual veis.

Alberto                                         Hermosa
                                  sois, señora, por el cabo.

Margarita                 ¿Trae cintas de resplandor?

Alberto                   Y son la cosa mejor
                          de Italia. No las alabo
                              por mías; este papel

(Dale un papel con unas cintas.)

                          si es verdad o no dirá,
                          que lleno de ellas está.
                          Escoged, señora, en él...
                              Mas, ¡cuerpo de Dios!

Margarita                                 ¿Qué es esto?

Alberto                   Quedóseme en la posada
                          la bolsa, y no está cerrada
                          la caja donde la he puesto;
                              en ella mi caudal tengo;
                          el diablo por Dios sería
                          que me la dejasen fría.
                          Esperen, que luego vengo.

(Vase.)

Margarita                     Confïanza hizo de mí
                          el mercero alborotado,
                          pues el papel me ha dejado
                          yéndose, Leonela, así.

| | |
|---|---|
| Leonela | Tal prisa le da el dinero. |
| Margarita | Líbrele Dios de un ladrón. |
| Leonela | Veamos que tales son,<br>que hurtarle unas varas quiero.<br>    ¿Qué miras? |
| Margarita | Letra gallarda,<br>un sobre escrito que está<br>en el papel. |
| Leonela | Veamos ya<br>estos listones. |
| Margarita | Aguarda.<br>«A Margarita de Ursino.» |
| Leonela | ¿A quién? |
| Margarita | ¿No escuchas mi nombre? |
| Leonela | Aquí hay maula, no era el hombre<br>mercero que a vender vino,<br>    sino un gentil alcahuete. |
| Margarita | Casarte puedes con él. |
| Leonela | ¿Qué aguardas? Mira el papel<br>que grandes cosas promete.<br>    Con cintas en vez de tinta<br>le escriben, señal será<br>que quien con cintas le da |

te desea ver en cinta.

Margarita     «Valerio» dice la firma.

Leonela     Si es suyo, bien recibido
será.

Margarita     Muy bien le he querido.

Leonela     Así Florencia lo afirma
pues has llegado a dar nota
con él de no recatada.

Margarita     Este negro ser honrada
mil buenos ratos agota.
Mi padre tuvo noticia
de no sé qué y se ausentó
Valerio, porque temió
el rigor de la justicia.

Leonela     Mírale. ¡Que tengas flema
para no verle!

Margarita     ¡Ay! ¡Cuál viene
el pobre, tal fuego tiene,
que hasta la mano me quema!

Leonela     Mas ¿Qué? ¿No viene en poesía?

Margarita     ¿En qué lo echaste de ver?

Leonela     En que es papel mercader
pues cintas de oro te envía;
y el poeta, cuyo nombre

por ser el principio en Pó
de la pobreza heredó.
Por más que escriba, no es hombre
   que da de contado así;
porque son tan buenas lanzas
que pagan siempre en libranzas
al Sol, Luna y Potosí.
   «Tus cabellos son del Sol,
tus dientes perlas de oriente,
tus pechos plata luciente,
tus mejillas arrebol.
   Del alba rubíes tu boca,
tus ojos no son distintos
de esmeraldas y jacintos,
en cristal tu frente toca.»
   Y creo que los planetas,
según están de corridos,
deben de andar escondidos
de estos diablos de poetas;
   pues si en ello se repara
deben de pensar que son
de casta de bofetón
que los traen de cara en cara.

Margarita      Mal dices de la poesía.

Leonela      Yo coplas no puedo verlas,
que, según tratan en perlas,
nos han de dar perlesía.
   Un rústico oyó unos versos
en que un poeta alababa
la corte donde habitaba,
y entre atributos diversos
   que daba a sus damas era

decir que cuantas vivían
en ella, perlas tenían
por dientes. Y de manera
  se le encajó ser verdad
que dejando casa e hijos
malbarató unos cortijos
y parte de una heredad;
  y creyendo estas novelas
dijo que iba, a su mujer,
a la corte a enriquecer
siendo en ella sacamuelas.
  Porque si en doliendo un diente
y en sacándolo era perla
no era difícil de haberla
una baíca de oriente.
  Pues llenando una tinaja
de dientes, perlas, podía,
vendiéndolas en Turquía,
tener más oro que paja.
  Dió en esto, y en lances pocos
tan rematado quedó,
que el poeta le llevó
a la casa de los locos.

| | |
|---|---|
| Margarita | Tú puedes irte con él. |
| Leonela | Duendes y poetas son<br>unos humo, otros carbón. |
| Margarita | Ahora bien, va de papel. |
| (Lee.) | «Temores, más de la justicia que de tu<br>padre, me ausentaron de Florencia, y<br>deseos de tu vista me han traído esta |

**27**

noche escondido a gozarla. Obligaciones
me tienes y te tengo más de marido que
de pretendiente; si gusta llévalas
adelante, pues tu padre, según he sabido,
está en Sena. Al anochecer irán por ti
los negros con una silla, que no oso
entrar en tu casa, porque desde la noche
que me halló tu padre, la tengo por agüero.
No lo seas tú de mi amor, sino fíate de
los que te han de traer, hasta que Dios
quiera que, muerto el viejo, vivamos los
dos juntos. Él te aguarde. Valerio Nigro.»

Leonela        Como marido dispone;
parece señor de casa.

Margarita      Quiérole bien y no pasa
las leyes que amor propone.
    Tomó quieta posesión
de lo más, ¿qué mucho, pues,
que de lo que menos es
se la dé mi inclinación?

Leonela        ¿Piénsaste casar con él,
muerto el viejo?

Margarita          Bien le quiero;
mas que es también considero
determinación crüel
    ser su esposa, porque están
en estado arrepentido
cuantas han hecho marido
del que antes fue su galán,
    y recélome, en efecto,

que el galán cuando se casa,
como sabe ya la casa,
entra perdiendo el respeto.
  No porque Valerio ame
pienso consentirme asar,
en todo quiero picar.

Leonela            El buey suelto bien se lame...

Margarita         Papel y tinta hay aquí.

Leonela            ¿Sabes tú si volverá
el francés fingido acá?

Margarita         Paréceme a mí que sí.

Leonela              No pide el papel respuesta,
que tú sola lo has de ser,
si viene al anochecer
la silla.

Margarita              Poco me cuesta,
  por si vuelve o no, escribir
dos renglones.

Leonela              El mercero
es un gentil embustero;
a fe que le he de pedir
  si vuelve, pues que me quedo
de noche en casa y solita,
que entre a ver cómo me quita
la toba, y con ella el miedo.

(Suenan pretales.)

| | |
|---|---|
| Margarita | Esto basta. ¿Qué es aquello? |
| Leonela | Carrera a fe de cristiana. |

Margarita
No perderé la ventana
aunque estuviese en cabello,
   que me muero si en la calle
suenan pretales.

Leonela
            ¿Y aquí
te dejas el papel?

Margarita
            Sí;
luego volveré a cerralle.

(Vanse. Sale Cleandro de camino.)

Cleandro
     Dos veces he salido de Florencia,
y el recelo, otras tantas adivino,
volviendo las espaldas al camino,
no me consiente hacer de casa ausencia.
     Venció al fraterno amor la diligencia
del honor que amenaza un desatino,
que al fin su parentesco es más vecino,
aunque su hermano soy, cual de Laurencia.
     Si ella a la muerte el túmulo previene,
y a la muerte mi honra en casa espera,
fuerza es mirar por lo que más conviene.
     Menos me importa que Laurencia muera;
que quien enfermos en su casa tiene
no hay para qué visite a los de fuera.

     La puerta falsa hallé abierta,

que mi sospecha encamina,
y temo que salga cierta,
que no vuelve la honra fina
que sale por falsa puerta.
    Nadie acá abajo ha quedado
haciendo tanto calor.
La sala baja han dejado;
pero como es fuego amor
busca su esfera elevado.
    ¿Mas qué están a la ventana?
¿Qué importa cerrar la puerta,
si la deshonra liviana
trae alas y la hallé abierta
tan alta como profana?

(Suena de dentro carrera.)

    ¿Carrera hay? No fue quimera
mi sospecha apercibida.
¡Ah mocedad altanera!
Mas ¿qué ha de salir corrida
mi honra de esta carrera?
    Un papel hay aquí escrito,
letra de Margarita es;
.................. [ -ito]
si es sentencia que despés
eche a mi honra un sambenito...
    No es prudente padre aquel
que su hija enseña a que escriba,
porque en la tinta y papel
conserva la ocasión viva
que se muriera sin él.
    Bien puede un padre excusar,
si quiere vivir alerta,

la vieja que entra a terciar,
tener cerrada la puerta
y las ventanas clavar.
    Pero, cuando escribir sabe,
en vano guarda a su hija,
por más que eche reja o llave,
que, en fin, ¿por qué rendija
un papel sutil no cabe?
    Estos argumentos son
contra mí, pues que procura
más que mi honra mi aflicción.
Quiero verle, a buen seguro
que no es de mi devoción.

(Lee.)         «No quiero multiplicar palabras donde
tan presto se han de ver las obras.
La silla espero, y supuesto que ya
anochece, pudiera haber venido. Guárdete
el cielo y detenga allá al viejo todo
lo que durare el quererme. Tu bien, etc.»

    Buena ausencia quise hacer;
no hay de mi honor que presuma
que seguro está en poder
de un papel y de una pluma
en manos de una mujer.
    Dejad, Amor liberal,
que el castigo que ejecuto
sea a tanta ofensa igual,
que no es árbol que da fruto
la mujer si no es formal.
    Ea, remisa aflicción,
aplicad medios crueles
al honor, que no es razón

que por Florencia en papeles
ande mi honra en opinión.
   No sé a quién esto se escribe;
la silla quiero aguardar
que mi deshonra apercibe
y en ella la muerte dar
a quien en mi agravio vive;
   que en silla vengarme intento
de quien en ella mancilla
mi honor, pues es argumento,
que quien da a mi agravio silla
me quiere afrentar de asiento.

(Vase. Salen Lelio y Britón con baqueros de mojos de silla, correones y palos, tiznados como negros.)

Britón                 Bien pudieras ya decirme
a qué fin has hecho, Lelio,
con los dos este guisado
de hígado, pues es negro;
desenguinéame ya,
que, mirándome al espejo,
temor tuve de mi mismo
según estoy sucio y feo.
Si fueran Carnestolendas,
cuando destierran el seso
de Florencia, no era malo
el disfraz, puesto que puerco.
¿Qué niñas a espantar vamos,
o para qué nacimiento
hacemos la Epifanía
que al rey tizne represento?
O declárate, o me lavo;
Que —¡vive Cristo!— que temo

que me he de quedar así
per omnia secula.

Lelio                           Necio:
¿mondo yo nísperos? Calla,
y ven conmigo.

Briton                          No quiero,
ni he de quitarme de aquí
si no me dices primero
dónde vamos y a qué causa.

Lelio          ¿Estás borracho?

Briton                          Estoy hecho
el propio un galán de requiem,
no falta más que el entierro.

Lelio          Calla, y sígueme.

Briton                          Es en vano.
Yo he dado por hoy en esto.
¡Vive Dios! Si no te explicas,
que me has de ver estafermo.

Lelio          ¡Válgate el diablo por loco!

Briton         ¡Válgate el diablo por cuerdo!

Lelio          Ven, sabráslo de camino.

Briton         No, hay que hablar; aquí me asiento,
o sacando agua de un pozo
me quito todo el ungüento

de esta carátula sucia,
que a grajos y pringue huelo.

Lelio

Sabrás, pues, ya que porfías...

Britón

Eso vaya.

Lelio

...que Valerio
quiere a Margarita bien.

Britón

Dime otra cosa de nuevo,
que esa ya sé que la tiene
más ha de un año en destierro.

Lelio

Gozóla a lo que se dice.

Britón

Y diráse lo que es cierto,
que en un año de afición
ni ella es manca ni él es lerdo.

Lelio

El temor de sus parientes,
solicitados del viejo,
la hacen vivir con recato,
hasta que la muerte y tiempo,
que vencen dificultades,
al yugo del casamiento
los iguale.

Britón

Dices bien;
que es más ella y él es menos.

Lelio

Esta tarde, pues, se fue
Cleandro a Sena, sabiendo
que está a la muerte su hermana.

Supo su ausencia Valerio,
y, fiándose de mí,
vino a Florencia encubierto
a verse con Margarita...

Britón            Diligente caballero.

Lelio            Para que esta noche vaya
a mi casa, donde ha puesto
el tesoro de sus gustos
y han de gozarse en secreto.
Pidió a Grimaldo prestada
la silla con los dos negros
dueños de aquestos vestidos.

Britón            Muy bien huelen a sus dueños.

Lelio            Yo, que como soy de carne
y no de mucha edad, tengo
mis tentaciones humanas,
ha más de un mes que deseo
ser de aquesta Melisendra
por una noche Gaiferos,
y aun se lo he dado a entender.

Britón            ¿Mas que respondió no cheo?

Lelio            «¡Zape!» dijo con la boca
y «miz» con los ojos.

Britón                      Bueno.
Ahí un no es medio sí.
Milagros son de estos tiempos.

| Lelio | No imagino si se ve |
|---|---|
| | en la ocasión, como ordeno, |
| | que se hará de pencas mucho, |
| | aunque es muy ilustre. |

| Britón | Credo; |
|---|---|
| | que es viña, en fin, vendimiada |
| | y da a todo pasajero |
| | un grumo, y más de racimo |
| | que se queda siempre entero. |

| Lelio | Pues porque por diligencia |
|---|---|
| | no quede, esta noche intento |
| | hurtarle esta Margarita. |

| Britón | Si te la cuelgas al cuello |
|---|---|
| | no será malo el joyel. |
| | Envidia, por Dios, te tengo; |
| | que, como voy ya calando, |
| | no hay amante sin ingenio. |

| Lelio | Como supe que pidió |
|---|---|
| | a Grimaldo silla y negros, |
| | llamélos aquesta tarde |
| | y dentro de un aposento |
| | sus zaques llené de vino. |

| Britón | ¿Desnudástelos? |
|---|---|

| Lelio | Dejélos |
|---|---|
| | en carnes. |

| Britón | Muy bien guardaste |
|---|---|
| | tu vino, pues queda en cueros. |

| | |
|---|---|
| Lelio | Cerrélos después con llave, |
| | encomendélos al sueño, |
| | y machacando carbón, |
| | con él y claras de huevos, |
| | he compuesto este betún |
| | con que los dos parecemos |
| | infantes de Monicongo; |
| | y fïado del silencio |
| | de la noche, en el zaguán |
| | de mi dama a punto tengo |
| | la silla en que a Margarita |
| | llevemos los dos. |
| | |
| Britón | Apelo. |
| | Aún si me cupiera parte, |
| | vaya; mas ¿no es caso recio |
| | que la lleve yo ensillada |
| | y tú la goces en pelo? |
| | Pero, dejando las burlas, |
| | si viene por ella Alberto, |
| | crïado de su galán, |
| | y has de ir en su seguimiento |
| | hecho ganapán de silla, |
| | ¿cómo ha de tener efecto |
| | tu mal digerida traza? |
| | |
| Lelio | Una riña fingiremos |
| | con él; y con los correones |
| | de suerte le apartaremos |
| | de nosotros en la calle |
| | que huya como liebre o ciervo. |
| | |
| Britón | ¿Y dónde piensas llevarla? |

| | |
|---|---|
| Lelio | ¿Eso preguntas? ¿No tengo<br>en Florencia otras dos casas,<br>una de la otra lejos? |
| Britón | Alto, la maula está hecha.<br>¡Vive Dios que eres discreto!<br>El ingenio te ha aguzado<br>la muela de algún barbero.<br>Mas ¿no es éste Alberto? |
| Lelio | El mismo. |
| Britón | Ya enguinéate<br>............y hablemos<br>a lo de zape y Angola. |

(Sale Alberto.)

| | |
|---|---|
| Alberto | ¿En qué diablos andáis, perros,<br>que en todo hoy no os he topado? |
| Britón | Habra bien, sino que temo<br>que turu ru palo encaje<br>en cabeza y sacan seso. |
| Alberto | ¿Qué es de la silla? |
| Lelio | Ésa acá. |
| Alberto | ¿Acá está ya? |
| Lelio | Acá traemo,<br>porque ruega ansí tu amo. |

| | |
|---|---|
| Alberto | ¿Pues cuándo le hablastes? |
| Britón | Ruego. |
| Alberto | ¿Y os mandó aguardarme aquí? |
| Britón | Sí, y sanca de frantiquero<br>ocho reale para vina,<br>que esa nobre cagayero. |
| Alberto | Alto; viendo mi tardanza,<br>dándole prisa el deseo,<br>los debió de enviar aquí.<br>Aguardadme en este puesto,<br>iré a avisar a la dama<br>que habéis de llevar. |
| Britón | Queremo,<br>haga Valerio co era<br>quaquala. |

(Vase Alberto.)

| | |
|---|---|
| Lelio | Primo, callemo.<br>Famosamente se traza. |
| Britón | Bueno se le va poniendo<br>el ojo al haca. |
| Lelio | ¡Oh qué noche! |
| Britón | No la dormirás al menos. |

| | |
|---|---|
| Lelio | Lindo embuste. |
| Britón | Para ti,<br>que yo soy solo el jumento<br>que le hacen llevar a cuestas<br>la paja, y se queda hambriento.<br>A mi costa has de cenar. |
| Lelio | Tú buscarás tu remedio. |
| Britón | ¿Qué he de hacer? Cuando no hallare<br>cecial, cenaré abadejo. |

(Sale Margarita con manto, Leonela en cuerpo y Alberto. Sacan los Lelio y Britón la silla.)

| | |
|---|---|
| Margarita | Leonela: cierra la puerta. |
| Leonela | Di de mi parte a Valerio<br>que si me ha de enviar barato. |
| Alberto | ¿Y la silla? |
| Lelio | Aquí traemo. |
| Alberto | ¿Queréis que me quede yo<br>por barato en casa? |
| Leonela | ¡Bueno!<br>A ahorcado tal barato. |
| Alberto | Del rollo de vuestro cuello. |
| Leonela | Sois grande para joyel. |

¡Oh hi de puta y qué mercero!
Bien vendéis vuestras agujas.
¿Entraste?

Margarita          Sí, cierra.

(Éntrase en la silla.)

Leonela                    Cierro.

Alberto          ¿He de volver?

Leonela                    ¿Para qué?

Alberto          Para la toba.

Leonela                    No cheo.

Alberto          En fin, ¿no he de volver?

Leonela                    No;
mas si volviese sea luego.

(Éntrase Leonela.)

Alberto          Ea, perros, por aquí.

Lelio          Ya dije que no yamemo
perra a nadie, que también
hay en mundo branca perro.

Alberto          Pues ¿de qué se entona el galgo?

Britón          Négoro fa cagayero

y no hay négoro sudío;
que come mantega y puerco.

Alberto          Hablen menos y anden más,
que ya se me va subiendo
a las narices el humo.

Lelio            Po lo Dioso jelalero
que han de pagá de un beyaco
con cozo e lale con cuero
de buey.

Britón                Dale culubán.

Alberto          ¡Ay!

Britón                ¿Quejamo?

Alberto                ¡Ay, que me han muerto!

Lelio            Síguele por que se aleje,
que al momento volveremos
por la silla.

Britón                Bien se traza.

(De dentro.)

Alberto          ¡Ah perrazos!

Britón                Aguala a perro.

(Vanse. Sale Cleandro.)

Cleandro     La silla que mi deshonra
lleva he seguido encubierto
hasta aquí, por conocer
quién es su lascivo dueño.
Pues dándolos muerte
juntos verá Florencia si tengo
la sangre helada, o si hierve
con la venganza, que es fuego.
Pero sola se ha quedado,
porque los mozos huyeron;
Amor, dejadme vengar,
pues mi enojo es cual vos, ciego.

(Abre la silla y saca a Margarita.)

     Deshonra de aquestas canas
a quien tan mal pago das.
Lamia torpe, ¿dónde vas?
¿Por qué mi sangre profanas?
Tus mocedades livianas
castiga quien de ese talle
quiere que en la calle te halle
y huye tu desenvoltura,
pues, al fin, como basura
te han arrojado a la calle.
  No por pesada te suelta
quien a cuestas te llevaba,
pues tu liviandad
bastaba a dar a Italia una vuelta.
Mas como te vio resuelta
a ser de tu honor tirana,
tu propio peso amilana
sus fuerzas, porque confiesa
que la cosa que más pesa

es una mujer liviana.
El modo y traza condeno
con que tu infamia procura
dar muestras de tu locura,
pues vas sin silla y sin freno;
que enfrenaras fuera bueno
la torpeza que te abrasa.
Entra en casa, si es que pasa
por ello y te admite en sí,
que, por echarte de sí,
te abrió sus puertas mi casa.

(Vase Margarita.)      Para dar al vicio entrada
las abrió Leonela ahora,
que siempre de la señora
es retrato la crïada.
Solo has tenido de honrada
el irte sin responder,
con que has podido vencer
aquesta daga desnuda;
pero ¿cuándo no fue muda
la vergüenza en la mujer?

Gente viene. Al que me ofende
no conozco. Hablarle intento.
Engendrado ha atrevimiento
el enojo que me enciende.
Si en esta silla pretende
deshonrarme mi enemigo,
con ir en ella consigo
que sea en venganza igual,
esta silla tribunal
de mi agravio y su castigo.

Ahora bien, aunque el temor
tiene en la vejez su centro,
determino entrarme dentro,

que también sabe el honor
disfrazarse como amor.
Trazas tienen de ser éstas
para mi ofensor molestas,
pues me ha de llevar su gente
sobre sí, cual penitente
que lleva su cruz a cuestas.

(Éntrase Cleandro en la silla. Salen Lelio y Britón.)

Lelio              Bien le habemos alejado.

Britón             Cual novillo va corrido.

Lelio              Habíase de haber ido
                   la dama, que hemos tardado.

Britón             ¿Donde diablos, si ha cerrado
                   su puerta? Cual plomo pesa.
                   Aquí está.

Lelio                    Famosa empresa.

Britón             Como de tu ingenio fue.

Lelio              Peldona vuesa mecé.
                   Anda, plimo.

Britón                   Vamo apriesa.

(Llevan la silla de un cabo a otro del tablado. Sale Valerio.)

Valerio            O el esperar al que aguarda
                   con sofísticos engaños

le vende instantes por años,
o mi Margarita tarda.
　　Pero estos los negros son
y esta la silla en que viene
quien ha ya un año que tiene
en mi pecho posesión.

(Requebrando al viejo.)

　　Sol mío, ¿qué maravilla
de noche os saca bizarro,
y saliendo el Sol en carro,
sois vos Sol y andáis en silla?
　　Pero, pues dejáis el coche,
corred cortinas también,
porque los que en silla os ven,
puedan ver al Sol de noche.
　　¿No queréis hablarme, amores,
mi bien, mi dueño, mi vida?
Muda seréis mi homicida.

Britón
Cagayero dejan frores
　　que pensan mucho mujer
y queremo caminar.

Valerio
Pues por aquí habéis de echar,
que en cas de Lelio ha de ser
　　donde habéis de parar.

Lelio
　　　　　　Bueno.
Anda con Dioso, que aquí
sabemo dó va.

Valerio
　　　　Qué, ¿así

me desconocéis?

| | |
|---|---|
| Britón | Sereno<br>no conoce que está oscuro. |
| Valerio | Valerio soy. |
| Britón | Para eya. |
| Lelio | No sa para vos donceya,<br>apartamo. |
| Valerio | Perros, juro. |
| Britón | No yama perro, que hay palo,<br>de siya y hay cureón. |
| Valerio | ¿No es linda disolución? |
| Lelio | Que yeva pasa Gonzalo<br>si no aparta de camino. |
| Valerio | Basta, que burlan de mí.<br>O habéis de echar por aquí,<br>o he de hacer un desatino. |

(Echa mano y da espaldarazos.)

Ea, perros, caminemos
o moriréis a estocadas.

| | |
|---|---|
| Lelio | Compañeras cucharadas,<br>palo de siya tenemos,<br>aguarda vuesa mecé |

y veremos maravilla.

(Llégase a sacar a Margarita y descubre al viejo Cleandro que sale, y echa mano.)

Valerio
Amores, sal de la silla
y a casa te llevaré.
        Mas ¿qué es esto?

Cleandro
                El desengaño
que has de ver en mi venganza;
la burla de tu esperanza,
de tu atrevimiento el daño.
    No es Margarita mujer
que, deshonrando su casa,
al deseo que te abrasa
tiene de corresponder.
    Que ella misma me avisó
de tu intención atrevida,
y el castigo de tu vida
aquí dentro me metió.
    La espada tienes desnuda.
Si, como afrentas mujeres,
tu infamia defender quieres,
palabras en obras muda,
    que si me haces que trasnoche,
a matarte es, enemigo.

Valerio
No suelen reñir conmigo
fantasmas que andan de noche.
    ¡Jesús, mil veces! No puedo
creer que Cleandro seas,
sino el diablo, que deseas
ponerme de noche miedo.

Y no será maravilla,
que, según el mal gobierno
de mi vida, del infierno
demonios traigan la silla.
    ¡Jesús, infinitas veces!
¿La Margarita sois vos?
No más, amores, por Dios.

(Vase.)

Cleandro            ¿De un viejo huyes? Bien mereces
                nombre infame de cobarde.
            Soy pesado, no te sigo;
            mas yo te daré castigo;
            que si llega nunca es tarde.

(Vase.)

Britón              Burlaos con silla o con coche.
            ¡Oigan cómo ha enmudecido!
            ¡Gentil dama hemos traído!
            Duerme con ella una noche.

Lelio               Déjame.

Britón                  ¡Burla gallarda!
            Dado te han linda papilla,
            si hasta aquí trujiste silla,
            desde hoy más te pon albarda.

Lelio               ¿Hay burla mayor? Metamos
            las dos en este zaguán,
            y vámonos.

| | |
|---|---|
| Britón | Ganapán<br>sin fruto. |
| Lelio | ¡Buenos quedamos! |
| Britón | En blanco nos han dejado;<br>mas miento, mejor diré,<br>pues contigo me tizné,<br>que nos dejan en tiznado. |
| Lelio | Llega ya, y la silla carga. |
| Britón | Cuento hay para muchos días,<br>mas buen despacho tenías<br>si te echaras con la carga. |

Fin de la primera jornada

## Jornada segunda

(Sale Lelio quitándole a Lisarda, su esposa, unas joyas, y Britón.)

Lelio          Por vida de los dos, que no las quiero
               para jugar. Lisarda, no me enojes;
               he menester un poco de dinero,
                  e importa que esas joyas te despojes
               para empeñarlas, no para venderlas.

Lisarda        En lindo tiempo, por mi fe, me coges;
                  deseo debes de tener de verlas
               empleadas mejor en otro cuello
               más digno que no yo de mi oro y perlas.
                  Es dama al uso, que tendrá el cabello
               negro, que ya no se usan hebras de oro,
               y si es moreno el rostro será bello.

Lelio             ¡Oh, qué pesada estás! Porque te adoro
               te atreves a enojarme.

Lisarda                           ¿Es ojizarca?
               Pero ojinegra es, que no lo ignoro;
                  en los tiempos del Dante y del Petrarca
               los ojos zarcos eran los mejores,
               adorados del príncipe y monarca,
                  y a los negros rasgados dan favores;
               que las bellezas son como el vestido,
               que mudan con la hechura los colores.

Lelio             Quítate ya esas joyas, que he tenido
               mucha paciencia. ¡Ea!

Lisarda                           ¿Qué es aquesto?

¿Cuándo, Lelio, el respeto me has perdido?
   Dos años ha que el yugo nos ha puesto
del conyugal amor la iglesia santa,
tirando a su coyunda el carro honesto,
   voluntad me has mostrado siempre tanta,
que a cuantas damas hay envidia he dado.
Pues ¿qué mudanza mi ventura espanta?
   De un mes acá te veo tan trocado,
que, si antes a las nueve te acostabas,
volver sueles al alba disfrazado.
   Apenas, Lelio, de comer acabas
cuando, antes que levanten los manteles,
tomas la capa que antes olvidabas.
   Jugaste, y aunque pocas veces sueles
gastar el tiempo en esto, ya has perdido
el dinero, la plata y los doseles,
   y no tan malo, si en el juego ha sido
esta pérdida sola y no en desvelos
que sospecho te traen desvanecido;
   que el juego que hay peor es el de celos,
pues pierden con la vida la paciencia.

Lelio

¿Quieres, Lisarda, no llorarme duelos?
   Ni el juego ni el amor me da licencia
para quitarte joyas que no he dado,
pues las trajo tu dote por herencia;
   salí fïador, estoy ejecutado,
no quiero que entre en casa la justicia
y lo sepan tu tío y mi cuñado;
   otras joyas habrá de más codicia
que comprarte prometo. Acaba, amores.

Lisarda

Ya esa fïanza vino a mi noticia,
   deuda es que tiene muchos acreedores,

y aunque su honra es ya dita quebrada,
se empeñan más por ella sus deudores.
    No estoy, Lelio, en tu amor tan descuidada,
que aunque callo y consiento, no trasnoche
celosa con razón, y desvelada.
    Bien piensas tú que del disfraz de anoche
tan ignorante estoy que no he sabido
la negra traza de la silla o coche.
    Autor de este entremés debe haber sido
aqueste bienaventurado.

Britón                                  ¡Bueno!
Yo he de tener la culpa. Si ha perdido,
    Britón le hizo perder; si del sereno
le duele la cabeza, este bellaco
de Britón es la causa; si el moreno
    se emborracha con vino o con tabaco,
Britón le dio a beber; si falta en casa
alguna cosa, Britóncillo es caco.
    No lo puedo sufrir, de raya pasa,
un año ha que te sirvo, hagamos cuenta,
diez reales cada mes me das por tasa,
    aquí está el papelillo en que se asienta
lo que recibo; débesme once reales
menos tres cuartos, no tengo otra renta,
    páguenmelos y adiós, y sean cabales.

Lelio           ¿Estás sin seso?

Britón                          Estoy muy enojado
y harto de llevar ya tus atabales.
    A un hombre como yo bien opinado
no es razón que le llamen alcahuete.
¿Hanme visto llevar algún recado?

¿Cuándo te traje yo carta o billete?
Siempre el rosario traigo en cuello
o mano, dentro mi faltriquera no se mete.
..................... [ -ano]
De fray Luis, y porque veas si miento,
estas hojas dirán si soy cristiano.

(Va a sacar un libro de la faltriquera y saca envuelta al rosario una baraja de naipes que se le cae.)

Lisarda              Muy bien lo dicen, pues de ciento en ciento
te salen a abonar descuadernadas
como tu vida; y quién te da sustento
        de ésas y de otras cartas despachadas;
por el infierno debes ser correo.

Britón              ¡A afrentarme salistes desolladas!
    ¡Volveos al nido, que en mi muerte creo,
que de vosotras, en lugar de tablas,
he de hacer ataúd, según deseo
        que andéis conmigo siempre!

Lelio                          En vano entablas
dilaciones; del cuello el oro quita,
que pierdo tiempo mientras tanto me hablas.
        Quita las perlas.

Lisarda                          ¿Qué furor te incita?
¿No están mejor al cuello de tu esposa
que no al cuello...

Lelio                          ¿De quién?

Lisarda                          De Margarita?

| | |
|---|---|
| Lelio | No digas necedades, si celosa estás; que es tan honrada como bella Margarita, y doncella generosa. |
| Lisarda | Será virgen y madre, si es doncella, que de Valerio dicen que ha parido. |
| Lelio | Mientes, y toma; acordaráste de ella. |

(Dale un bofetón.)

| | |
|---|---|
| Lisarda | ¡Ay, cielos! |
| Britón | Más me pesa, que has rompido la sarta. |
| Lelio | Los anillos le he quitado y los zarcillos. |
| Britón | Su pirata has sido. |
| Lelio | Coge las perlas. |
| Britón | ¿No me ves bajado, cual fraile en Gloria patri? |

(Sale Roselio.)

| | |
|---|---|
| Roselio | ¿Qué es aquesto? Lisarda, ¿de qué lloras? |
| Lisarda | He quebrado la sarta de las perlas en que he puesto |

todo mi gusto.

Britón (Aparte.)                (No hay más linda pieza
que una mujer para mentir de presto.)

Roselio          No es esa la ocasión de tu tristeza;
que no eres tú, sobrina, tan liviana
que por eso des muestras de tristeza.
    ¿Qué es eso del carrillo? Mas la grana
en que se tiñe el daño que recelas
y tu honrada respuesta me hizo llana.
    Lelio, ¿hasla dado?

Lelio                  ¿Yo?

Roselio              Deja cautelas.
Britón, ¿qué es esto?

Britón            Es una niñería,
un dolorcillo que le dio de muelas.

Roselio         ¿Calláis los dos? A la sospecha mía
doy crédito; la cara de Lisarda
es un papel que a mi venganza envía,
    tinta es la sangre que la letra aguarda,
con cinco plumas la escribió el villano
valiente con mujeres que acobarda.

Lisarda         Por mi fe que te engañas.

Roselio            Jura en vano,
que ya en la plana de tu rostro veo
el renglón riguroso de la mano.
    ¡Ah Lelio, Lelio! ¿Es éste el justo empleo

que hace en ti de Lisarda que te adora?

Lisarda        No ha reñido conmigo.

Roselio                    Ya lo veo.

Lelio              Si la he reñido, ¿qué tenemos ahora?
                Quitéla estos zarcillos y estas perlas
                que llevo, a una mujer; quiso, habladora,
                    por resistirme consentir romperlas,
                y dile el bofetón que te ha ofendido;
                estas las joyas son, si quieres verlas.

Roselio            ¿Por qué la tratas mal?

Lelio                          Soy su marido.

Roselio        Una vez sola pone el que es honrado
                la mano en su mujer: si infame ha sido.
                    No le quites el oro que no has dado.
                Vuélveselo, o si no...

Lelio                          Aparta viejo,
                si no quieres...

Roselio                    La sangre se me ha helado;
                mas no por eso que me injuries dejo.
                Has de darle las perlas.

Lelio                          ¡Buen aviso!
                Pagarte a coces quiero ese consejo.

(Derríbale y dale de coces.)

| | |
|---|---|
| Lisarda | ¿A mi tío? |
| Lelio | Él se tiene lo que quiso. |
| Roselio | Soy tierra; en fin, atréveste a la tierra. |
| Lelio | Pues si eres tierra con razón te piso. |
| Britón | Hoy reina alguna suegra, todo es guerra. |

(Vanse los dos, Lelio y Britón.)

| | |
|---|---|
| Roselio | ¿A mí en el suelo y de coces?<br>Lisarda, dame una espada. |
| Lisarda | Sosiégate, no des voces,<br>que no es justo sepan nada<br>los vecinos. |
| Roselio | Mal conoces<br>mi condición, ¡vive el cielo!<br>¿De un cobarde mal nacido? |
| Lisarda | Deja las leyes del duelo,<br>que tú la culpa has tenido<br>de que te echase en el suelo. |
| Roselio | ¿Yo la culpa en defender<br>tu injuria? ¿En mí un mozalbete<br>las manos ha de poner? |
| Lisarda | Eso tiene quien se mete<br>entre marido y mujer.<br>¿Qué tengo yo que no sea |

de Lelio?

Roselio             ¿A ti un bofetón?

Lisarda          Ni me afrenta, ni me afea;
afeites del honor son
con que el amor se hermosea.
     Es mi esposo, hacerlo pudo.

Roselio          Hablas al fin como honrada;
pero el acero desnudo,
ya jubilado en la espada
me vengará.

Lisarda             De eso dudo.

(Vase. Sale Valerio.)

Roselio          ¿Aquí estás? ¿Cómo te atreves
salir en público así,
si por tus costumbres leves
anda Cleandro tras ti,
y antiguos enojos mueves?

Valerio          Quiero hoy volverme al aldea
y he menester que me des
unos escudos.

Roselio             Granjea
tu hacienda así, que después
no es mucho que corta sea.
     ¿Cuántos los escudos son?

Valerio          Quinientos.

| | |
|---|---|
| Roselio | Pues ¿para qué? |
| Valerio | Compro cierta posesión. |
| Roselio | ¿Tú, posesión? Ya yo sé<br>de tu santa inclinación<br>   la posesión en que estriba<br>tu liviana voluntad,<br>en torpes vicios cautiva. |
| Valerio | ¡Por Dios que es una heredad! |
| Roselio | Si es heredad, será viva. |
| Valerio |   ¡Oh, que de ello que me cuesta<br>cualquier cosa que me das!<br>Digo que es para una fiesta;<br>para jugar. ¿Quieres más?<br>¡Una mujer! |
| Roselio |       ¡Y honesta! |
| Valerio |   ¿Tienes otro que te herede<br>más que a mí y para que estimes<br>lo que es justo, que acá quede?<br>Ya soy hombre, no escatimes<br>lo que mi edad me concede. |
| Roselio |   ¿Tantos pasos y argumentos<br>gastas, si en darte me fundo,<br>los reales cientos a cientos? |
| Valerio | Más que un hermano segundo |

en cobrar sus alimentos.
Si me los tienes de dar,
¿para qué con esa flema
me los haces desear?

Roselio          A ti y Lelio un mismo tema
os hace locos de atar.
Ea, en mí las manos pon,
como hizo Lelio en tu prima;
si te parece razón,
mi cano rostro lastima,
dame en él un bofetón.
El oro y joyas me quita
con alborotos y voces,
y en tierra me precipita,
darásme otra vez de coces
por amor de Margarita.

Valerio          ¿Cómo es eso?

Roselio                    A su mujer
las joyas Lelio ha quitado
que no le supo traer,
y un bofetón le ha costado
el quererlas defender.
Y porque yo, como tío,
sus locuras reprendí,
fue tanto su desvarío,
que puso los pies en mí.
¡Mira que valiente brío!
A Margarita pretende;
para ella las joyas son
con que su interés entiende.
Si es ésta la posesión

que tu deshonra te vende,
    cómprala, y cual Lelio yerra.
Echa a mal mi hacienda
así y de casa la destierra.
Písala bien como a mí!
Lelio me ha pisado en tierra.

(Vase.)

Valerio              ¿Lelio a mi padre ha injuriado?
                     ¿Lelio en Margarita —¡Cielos!—
                     emplea hacienda y cuidado?
                     ¿Lelio afrentas? ¿Lelio celos?
                     Mas ¿qué mucho si es cuñado?
                         Voyle a buscar, que mejor
                     satisfará a mi esperanza
                     que a la lengua mi valor.
                     Daré de un golpe venganza
                     a mi padre y a mi amor.

(Vase. Salen Leonela y Margarita.)

Leonela              ¡Buena traza!

Margarita                       No más silla.

Leonela              ¿Escarmentarás desde hoy?

Margarita            Triste desde anoche estoy;
                     alcánzame esa almohadilla
                         que la labor entretiene,
                     olvidaré pesadumbres.

(Dale vainicas, y toma Leonela randas.)

| | |
|---|---|
| Leonela | Cuando a ella te acostumbres, |
| | si amor quiere, tan bien viene |
| | a la labor como al ocio; |
| | pues tal vez si le aprovecha, |
| | hace de la aguja flecha |
| | con que entabla su negocio. |
| | |
| Margarita | Como es la materia blanda, |
| | aunque se suele picar, |
| | huélgase tal vez de andar |
| | entre la aguja y la holanda. |
| | ¿Has las randas acabado? |
| | |
| Leonela | No, porque aunque son ligeros, |
| | cánsanme cien majaderos |
| | que haciendo un manoteado |
| | enmarañan mi labor. |
| | |
| Margarita | Si un majadero no más |
| | da tanto enfado, ¿qué harás |
| | con ciento juntos? |
| | |
| Leonela | Mejor |
| | son éstos que están atados; |
| | pues menos tormento dieran |
| | los necios como estuvieran |
| | del modo que éstos colgados. |
| | |
| Margarita | Leonela, ¿no es gentilhombre |
| | Lelio? |
| | |
| Leonela | Tu pretendiente es |
| | rico, galán y cortés; |

pero como tiene nombre
   de casado, no me agrada.
Para mí mucho ha perdido
en serlo.

Margarita           ¿Por qué?

Leonela            Un marido
que es con carga tan pesada
   ganapán del matrimonio,
sufre mucho.

Margarita           Bueno está.

Leonela     Un marido sufrirá
todo un falso testimonio.

Margarita      ¿Por qué, que estás importuna?
¿De todo has de mal decir?

Leonela     Hombre que puede sufrir
el rüido de una cuna,
   ¿qué diablos no sufrirá
al lado de una mujer
que por fuerza ha de tener
las inmundicias que ya
   te constan?

Margarita         Eso es sin duda.

Leonela     ¿No sufre más que un peñasco
hombre que no tiene asco
de un rostro con paño o muda?

| | |
|---|---|
| Margarita | Galán melindroso hicieras. |
| | Amor Lelio me ha mostrado, |
| | liberal me ha regalado |
| | y me agradan sus quimeras, |
| |    pues Valerio es sospechoso, |
| | y mi padre de éste está |
| | seguro; tráemele acá, |
| | que, aunque el viejo es receloso, |
| |    cuando venga y le halle aquí, |
| | no faltará una mentira |
| | que le engañe. |
| | |
| Leonela |      Si él suspira |
| | y tú le escuchas así, |
| |    voy por él, servirte quiero. |
| | |
| Margarita | Que varíe me has mandado; |
| | sabré a qué sabe un casado |
| | pues ya sé lo que es soltero. |
| | |
| Leonela | A ambos puedes reducillos. |
| | |
| Margarita | ¿Dos juntos? ¡Líbreme Dios! |
| | |
| Leonela | Lo bueno es de dos en dos, |
| | que es comer a dos carrillos. |
| | |
| (Vase.) | |
| | |
| Margarita | La inclinación de mi edad |
| | más gusta oír cada día |
| | sermón en la Compañía |
| | que misa en la Soledad. |
| |    Sola estoy y no soy santa, |

perdone mi padre viejo
que no hay gusto con consejo;
mas, ¡Válgame Dios! ¿quién canta?

(Canta de dentro.)

Voz                    «Margarita, Margarita,
maldita fuera mejor
que te llamase Florencia,
pues eres su maldición.»

Margarita           ¿Quién puede ser la que canta?
¡Ay cielos, qué triste voz!
Los cabellos me ha erizado,
palpítame el corazón.
¡Hola! ¿Quién canta allá dentro?
Pero ¡qué medrosa soy!
Alguna de mis crïadas
es que está haciendo labor.
Cante alegre o cante triste,
que el uno y el otro son,
suspenden y avivan más
sentimientos del amor.

(Canta.)

Voz                    «Margarita te llamaron,
pero no conforma, no,
con tus obras tu apellido
con tus vicios tu valor.
Libre te crïó tu madre
causando tu perdición,
¡Pobre de ella, cuál lo paga!
¡De llamas es su prisión!»

| Margarita | ¿Qué es esto? ¿A mí se dedican |
|---|---|
| | los versos de esta canción? |
| | ¿Mi libertad reprehenden? |
| | ¿Maldicen mi inclinación? |
| | Éste es mucho atrevimiento. |
| | ¿Cuándo sufrí burlas yo? |
| | Castigaré en la crïada |
| | este agravio, ¡vive Dios! |
| | ¡Hola! Florisa, Marcela, |
| | Faustina, Audronio, León. |
| | ¿No me responde ninguno? |
| | ¿Si estoy soñando? Mas no, |
| | no debe de ser de casa |
| | la cantora o el cantor |
| | que mi vida satiriza. |
| | Algún vil murmurador |
| | de los de mi vecindad |
| | me piensa poner temor. |
| | Digan; allá se lo hayan. |
| | Libres son y libre soy. |
| | De la más santa murmuran; |
| | del rey como del pastor; |
| | mas que digan que mi madre, |
| | porque libre me crïó, |
| | se abrasa, esta es desvergüenza. |
| | Sufrirlo será baldón, |
| | castigarle será justo. |
| | ¡Hola! Llamadme a Gascón, |
| | ese mozo de caballos. |
| | Mas, ¿qué es esto? Loca estoy. |
| | ¿No hay en Florencia mujeres |
| | de mi nombre y que no son |
| | de más benditas costumbres |

ni más honestas que yo?
Cantes de ellas y de mí,
que yo les daré desde hoy
materia para sus versos,
porque he de vivir peor.

(Canta.)

Voz                    «No harás, porque antes de mucho
el infernal cazador
que caza almas, con tus ojos
perderá tu posesión.
Aunque has perdido la cuenta,
de tu vida en un sermón,
por las cuentas de un rosario,
borrará tus cuentas Dios.
A un hombre puesto en un palo
has de tener tanto amor,
que has de perder el juicio
en la vulgar opinión.»

Margarita         ¿Cómo? ¿Yo a un ajusticiado?
¿A un hombre en un palo yo?
¿Yo a difuntos? ¿Yo sin seso?
Desmayos me da el temor.
¿Mujer de mi calidad
ha de estar sin lo mejor
del alma, que es el jüicio?
¿Yo amante de quien perdió
la vida en un palo vil?
No es buena satisfacción
de mis culpas deshonrarme.
Oerdonaráme el sermón.
Si sermones han de ser

causa de mi conversión,
no he de oírlos en mi vida.
Intente otros medios Dios,
que por ése no haya miedo
que me coja, pues desde hoy
no he de oir sermón ni misa.
Vuélvome a hacer mi labor.
¡Ay! Si Leonela viniese,
si entrase conversación
y dejase de cantar
aquesta agorera voz.

(Canta.)

Voz                «Margarita, ¿de qué sirve
hacer piernas contra Dios,
ni tirar, cual dijo a Pablo,
coces contra el aguijón?
Si de tu libre albedrío
siguieres la inclinación
y sus vicios no dejares,
daránte mal galardón.»

(Descúbrese al son de tristes instrumentos una escalera de flores, y al
cabo una silla y corona de fuego.)

«En el reino del espanto,
entre fuego y confusión,
aquesta silla te espera
si no excusas tu rigor.
Aunque por flores se sube,
que el deleite es torpe flor,
éste es el fruto que ofrecen
flores que de vicios son.

En vez de oro tiene fuego,
brasas sus follajes son,
su corona basiliscos,
azufre y pez es su olor.»

Margarita         ¡Ay, cielos; qué horrenda vista!
Leonela, Fabia, señor,
crïados, vecinos, gente,
¿ninguno me da favor?
Pues que ninguno me ayuda,
matarme será mejor.
¿No hay cordel que sea
verdugo de mi desesperación?

(Al son de música alegre se descubre una escalera hecha de rosarios, y sobre ella una silla muy hermosa y sobre la silla una corona de oro. Canta.)

Voz         «El cordel que te remedie
las cuerdas divinas son
de esta escala, donde sirve
cada cuenta de escalón
por ella, para que suba
hasta el cielo el pecador,
da la mano poderosa
su admirable devoción.
Silla y corona de rosas
es quien paga el fruto en flor
a María, flor de gracia,
e intenta tu conversión.
Teje del rosal divino
del rosario y su oración
las rosas de sus misterios,
si alcanzar quieres perdón.»

| | |
|---|---|
| Margarita | ¡Oh, qué belleza de silla!<br>El alma me consoló,<br>encubrióse su hermosura,<br>la voz dió fin a su voz.<br>Entre el consuelo y tristeza,<br>la esperanza y el temor,<br>me tienen entre dos aguas<br>y me cubre un frío sudor.<br>¡Cuánto va de silla a silla,<br>válgame el poder de Dios;<br>y de corona a corona,<br>de reino a reino! Venció<br>el temor aquesta vez.<br>¡Viva la virtud! Desde hoy,<br>salgan los vicios de casa.<br>Salid fuera, torpe amor. |

(Vase. Salen Lelio y Valerio acuchillándose, Leonela dando voces.)

| | |
|---|---|
| Leonela | ¡Valerio, envaina, que me causas miedo!<br>¡Jesús! Lelio, ¿no ves que estoy preñada?<br>Palpitaciones tengo, muerta quedo;<br>no hay coco para mi como una espada. |
| Valerio | Amigo al uso, no verás si puedo<br>la traza infame de tu amor vengada;<br>que a castigar en ti me traen los cielos<br>la injuria de mi padre y de mis celos.<br>    Lisarda es prima mía, en quien villano<br>la vil mano pusiste, que atrevida<br>muestra tu infamia, aunque se excuse en vano,<br>porque quede tu afrenta conocida,<br>no pone el noble en su mujer la mano<br>si no es para, quitándola la vida, |

mostrar que, ocasionando su deshonra,
no le dio menos causa que en la honra.
 Y porque de defender mi padre trata
fe su sobrina el lícito decoro,
pisaste vil su venerable plata
cuando a tu esposa le quitaste el oro.
¡Bravas hazañas! ¡Tu valor quilata
con viejos y mujeres. Ya no ignoro
el esfuerzo que en ti tiene su espejo
hiriendo a una mujer, pisando a un viejo.

Lelio       Con la mano te pienso dar respuesta,
ya que así te desbordas y desmandas,
pues es la espada lengua.

Valerio           En ti molesta
y no enseñada, pues tan mal la mandas;
que, en fin, como tu mano descompuesta,
rostros tiernos afrenta y canas blandas,
no podrás de cobarde delicado
sufrir el peso del acero honrado.

Lelio       Habla cuanto quisieres, que no irrita
tu cólera el valor que en mí conoces.
Solo digo que adoro a Margarita
y que he de procurar que no la goces.

Valerio    ¡Oh, infame! Aguarda.

Leonela          ¡Santa Inés bendita;
que se matan! ¡San Roque!

Lelio         Si de coces
di a tu padre, mis pies que le maltratan

te pisarán la boca.

Leonela                          ¡Que se matan!

(Vanse riñendo. Salen riñendo Cleandro y Roselio.)

Roselio          Con la lengua desnuda de esta espada
                 digo otra vez que, mientras tenga vida,
                 no se verá tu hija desposada
                 con Valerio, aunque más palabras pida.

Cleandro         No es Valerio tan noble.

Roselio                          Ni ella honrada.
                 Y sin honra, ¿qué importa ser nacida
                 de Augustos y Alejandros excelentes,
                 como es para injuriarlos así?

Cleandro                         ¡Mientes!

Roselio          No puedes afrentarme, que no tienes
                 honra; y sin ella un hombre nunca afrenta;
                 mas, pues tan loco a despeñarte vienes,
                 ten de tu vida, loco viejo, cuenta.
                 La lengua que agraviar honras enfrenes
                 mejor que de tu hija.

Cleandro                         Porque intenta
                 el botado de acero es esta espada
                 que en orden la pondrá si es desbocada.

(Vanse riñendo. Salen Alberto y Britón riñendo.)

Britón           Medio lacayo, no lacayo entero;

medio aún es mucho, cuarterón. ¿Qué digo?
¡Dos onzas de lacayo! Caballero
ando en honrarte siendo mi enemigo.
¡Una onza de lacayo, y aún no quiero
darte una onza, que seré prodigo.
¡Adarme del acayo a quien desmayo!
¿Adarme? ¡Escrupulillo de lacayo!
  ¿Tú con Leonela, fregatriz divina,
célebre desde el Ganjes hasta el Tajo,
que dando censo en agua a su cocina,
de los rayos del Sol hizo estropajo?
¿Tú con una mujer que Celestina
crió a sus pechos y en sus brazos trajo,
a quien el orador como el poeta
llaman en prosa y verso alcahueta?
  ¿Tú, competir conmigo? ¡Vive el vino!
Que he de hacer un castigo más sonado
que mocos con tabaco.

Alberto                       No me indino
así, ni he de reñir si no enojado.
Veme encendiendo más, habla sin tino;
podrá ser que de injurias enojado
saque la espada, en castidad Lucrecia,
que como a gusarapa te desprecia.

Britón               ¿Yo gusarapa? ¡Mientes!

Alberto                    No es nada eso.
Dime más.

Britón              Digo que eres un gabacho.

Alberto           Fuélo mi padre, la verdad confieso.

Dime más.

Britón              Digo que eres un borracho.

Alberto          Gloríome de serlo.

Britón                    Eres confeso.

Alberto          Confesor y no mártir no es despacho
                 que me pueda afrentar.

Britón                    Eres marido.

Alberto          ¿Marido yo? Mi enojo has encendido.
                     Mientes hasta la enjundia, y echa afuera
                 la virginal espada.

(Salen Leonela y Margarita.)

Leonela                   Sal, señora,
                 si no pretendes que tu padre muera,
                 que con Roselio se mataba ahora.

Margarita        Cuando le maten en la edad postrera
                 no muere mal logrado, ni me azora
                 ese temor. Peor será que viva.

Alberto          Échese hacia acá abajo.

Britón                    Echo hacia arriba.

Leonela              Valerio que, celoso, está informado
                 de que Lelio te sirve, le provoca
                 hasta haberse los dos acuchillado.

| | |
|---|---|
| Margarita | Pues ¿eso te da pena? Calla, loca, |
| | que una mujer que por el mundo ha dado |
| | no gana fama, o la que gana es poca, |
| | por más amantes que su garbo inquiete, |
| | si no han muerto por ella seis o siete. |
| | |
| Leonela | ¿Ésa es la santidad que prometías |
| | a la visión que viste y me has contado? |
| | |
| Margarita | Debieron de ser vanas fantasías; |
| | soy moza, no me pongas en cuidado; |
| | malograré mi edad en breves días |
| | si miro en disparates que he soñado. |
| | |
| Leonela | El alma es de tu madre que te avisa. |
| | |
| Margarita | Mañana daré un real para una misa. |
| | |
| Leonela | ¿Un real? ¡Limosna larga! |
| | |
| Margarita | Basta y sobra |
| | |
| Leonela | Quien a lo humano gasta, a lo divino |
| | es avarienta. |
| | |
| Margarita | Deja ya esa obra, |
| | que tanta santidad es desatino; |
| | si Lelio viene y los cabellos cobra |
| | a la ocasión, hacerle determino |
| | cacique de estas Indias. |
| | |
| Leonela | Es bizarro, |
| | y tú su Potosí si él tu Pizarro. |

Mas ¿qué es esto?

Britón
                        Desgracia nunca oída.
Lelio ha herido a Valerio malamente,
y dos horas no más le dan de vida,
que está sin habla y ya ni ve ni siente;
sus parientes te llaman su homicida.

Margarita
No hago caso de dichos de la gente.
Pésame, cierto; y Lelio, ¿dónde ha huído?

Britón
Está en Predicadores retraído.
    Pero no es la mayor desgracia ésta,
que tu padre también...

Margarita
                    ¿Cómo?

Britón
                        Ha quedado
herido y preso, y no por causa honesta;
que el padre de Valerlo le ha afrentado
y está preso también.

Leonela
                    Hagamos fiesta,
pues se te cumple ya lo deseado.

Margarita
¿Dónde le tienen preso?

Britón
                        En el palacio
viejo del duque, y por su alcaide a Horacio.

Margarita
    ¿La herida es algo?

Britón
                        No, cierto rasguño
de oreja a oreja.

| Margarita | ¿Cómo? |
|---|---|

Britón
                    Miento, miento;
hirióle en la muñeca, junto al puño,
Roselio; mas no es nada.

Margarita                    Verle intento.

Britón
Aqueste vuestro amor es el dimuño.
Matáis a uno y engañáis a ciento.
No vais a ver a vuestro padre ahora
que está con vos airado, aunque os adora.

Margarita
    No importa, que en achaque de ir a verle
quiero ver a tu amo, el retraído.

Britón
¿Queréisle bien?

Margarita
                    Pues ¿he de aborrecerle
si por mi causa para tanto ha sido?

Britón
Pues ahora hay lugar, si habéis de hacerle
esa merced; porque al sermón ha ido
toda Florencia, que su gente aplica,
si fray Domingo de Guzmán predica;
    y mientras que en la iglesia está ocupada
con el dicho sermón, a un lado de ella
le hablarás sin que nadie note nada.

Margarita
Bien dices. Todo el gusto lo atropella,
Lelio me deja tierna y obligada,
y a fe que enciende más de una centella.

Britón (Aparte.)  (Es yesca la mujer, ¡qué maravilla!)

Margarita  Dame un manto Florisa. ¡Hola, la silla!

(Vase.)

Britón
Ya que sola te quedas, di, cerrojo
de cárcel traqueado, pandillera,
¿con mi amor es razón que seas chancera,
por Albertillo manco, zurdo y cojo?

Leonela
No hay mujer que no haga trampantojo,
y más con el remate de escalera.
Váyase noramala, salga fuera.

(Escúpele.)

Britón
No escupas más, que me emplastaste un ojo,
tintero de botica.

Leonela                          ¡Ay, cerbatana!

Britón        ¡Ay, tercerona!

Leonela                      Y ¡ay, alcabalero!

Britón        ¡Ay, trotacalles!

Leonela                          ¡Ay, estriegalodos!

Britón        ¡Ay!

Leonela        ¡Ay!

| | |
|---|---|
| Britón | ¡Miz! |
| Leonela | ¡Zape! |
| Britón | ¡Ay, flaqueza humana! ¡Ay! |
| Leonela | ¡Ay! |
| Britón | ¡Púpú! |
| Leonela | ¡Lálá! |
| Britón | ¡Ay, yo soy, soy Duero! |
| Leonela | ¡Ay, rascamuelas! |
| Britón | ¡Ay, los ayes todos! |

(Vanse. Salen Celio, Pinardo y Ludovico, galanes.)

| | |
|---|---|
| Celio | Pues ¿de la iglesia os salís? |
| Pinardo | Tengo poca devoción. |
| Ludovico | ¿Para qué, pues, acudís tanto a ella? |
| Pinardo | No el sermón me trae, si lo advertís. |
| Celio | Pues ¿qué? |

| | |
|---|---|
| Pinardo | Lo que os trae a vos. |
| Celio | Yo a ver las damas que vienen<br>acudo solo, por Dios. |
| Ludovico | Las mismas aquí me tienen. |
| Pinardo | Confórmome con los dos. |
| Celio |    Buena vino la mujer<br>de Honorato. |
| Ludovico |          Quién, ¿Marfisa?<br>mejor suele parecer. |
| Pinardo | Debióse afeitar de prisa<br>y echábasele de ver. |
| Ludovico |    ¿Qué os pareció de Rosalba? |
| Celio | Brava reverencia os hizo. |
| Pinardo | Fuera más bella que el alba<br>si no trajera postizo<br>el cabello. |
| Ludovico |       Pues ¿qué? ¿Es calva? |
| Pinardo |    Como un San Pedro. |
| Celio |     ¿Y Octavia? |
| Ludovico | Es vieja. |

| | |
|---|---|
| Pinardo | No lo es Lucrecia. |
| Celio | Ésa tiene mucha labia<br>y toca en puntos de necia<br>porque despunta de sabia. |
| Ludovico | ¿Casandra es de buena cara? |
| Pinardo | Sí; pero dicen que es puerca. |
| Celio | ¿La española doña Clara? |
| Ludovico | No parece bien de cerca<br>y para de treinta es cara. |
| Celio | ¿La del ginovés Marín? |
| Pinardo | Hanme dicho que trae ésa<br>una torre por chapín,<br>y para chica es muy gruesa. |
| Celio | No lo es para el florentín. |
| Pinardo | Las hermanas Garambelas<br>me agradan mucho, por Dios. |
| Celio | Aféanlas las viruelas,<br>y no osan dejar las dos<br>verdugados y arandelas. |
| Ludovico | Buena es Fabia. |
| Pinardo | Malas manos. |

| | |
|---|---|
| Celio | ¿Y la Urbina? |
| Ludovico | Es muy arisca. |
| Pinardo | ¿Laura? |
| Celio | Tiene muchos granos. |
| Ludovico | ¿Doriclea? |
| Pinardo | Es medio bizca<br>y habla a moros y cristianos. |
| Celio | Hoy los tres hemos venido<br>mal contentadizos. |
| Ludovico | Son<br>lo que hemos dicho. |
| Pinardo | Ha traído<br>fray Domingo a su sermón<br>todo el mundo. |
| Celio | ¿Habéisle oído? |
| Pinardo | Una vez. |
| Ludovico | ¿Y qué os parece? |
| Pinardo | Que es un apóstol San Pablo<br>que a darnos luz amanece. |
| Celio | No tendrá ganancia el diablo<br>con él. |

| | |
|---|---|
| Ludovico | No se desvanece. |
| Pinardo | Según recoleta el mundo,<br>si él prosigue en predicar,<br>antes de mucho me fundo<br>que al demonio le han de dar<br>de azotes por vagamundo.<br>Estas cuentas del rosario<br>píldoras de vicios son. |
| Ludovico | Concepto de boticario. |
| Celio | Dejemos la devoción,<br>que estáis hoy extraordinario,<br>y decid si habéis sabido<br>la causa de la pendencia<br>de Lelio. |
| Pinardo | Pues ¿ha reñido? |
| Ludovico | Sábelo toda Florencia,<br>¿y con eso habéis salido? |
| Pinardo | ¿Con quién? |
| Celio | Con Valerio. |
| Pinardo | ¿Siendo<br>su cuñado? |
| Ludovico | ¿Eso no basta? |
| Pinardo | ¿Y hay sangre? |

| | |
|---|---|
| Ludovico | Estáse muriendo<br>Valerio. |
| Pinardo | Lelio es de casta<br>de valientes; pero entiendo<br>que celos de Margarita<br>han puesto a Valerio así. |
| Celio | Como a ésos el seso quita. |
| Ludovico | Pues retraído está aquí<br>Lelio. |
| Pinardo | ¡Qué honrada y bonita<br>que es Lisarda, su mujer! |

(Sale Pinabel.)

| | |
|---|---|
| Pinabel | ¿De cuándo acá el diablo a misa? |
| Celio | Pinabel: ¿qué hay? |
| Pinabel | ¿Qué ha de haber?<br>que el mundo se acaba aprisa. |
| Ludovico | ¿Cómo? |
| Pinabel | Ahora acabo de ver<br>a Margarita en sermón. |
| Pinardo | Hace una raya en el agua. |
| Ludovico | No la trae la devoción; |

que, si vino, a fe que fragua
alguna nueva invención.

Celio        ¿Habían, ya comenzado
a predicar?

Pinabel           Buen rato ha.

Pinardo   ¿Y os salís?

Pinabel           Harto he llorado;
como estábades acá,
salí de voces cansado.

Ludovico      En fin, Margarita escucha
al padre predicador.
¿Mostrará devoción?

Pinabel             ¡Mucha!
Señales da de dolor
o locura con que lucha.

Pinardo     ¿Y la criadita?

Pinabel           Quemada
y hecha polvos la vea yo.

Ludovico  ¡Qué relamida y taimada!

Celio     En ella el demonio halló
una gentil camarada.

Pinardo    ¡Qué bien sabe la bellaca
toda la girobaldía

                              del trato alcahuete!

Pinabel                                 Saca
                              jugo de una piedra fría.

Ludovico                      Y guarda más que una urraca.

(Salen Andronio y Felicio.)

Andronio                        ¡Gran sermón!

Felicio                                   Cuando Dios toca
                              de esta suerte un corazón,
                              habla por la misma boca
                              del que predica.

Andronio                                    El sermón
                              vuelve a Margarita loca,
                                o la vuelve santa.

Felicio                                     Todo
                              puede ser, que el mundo llama
                              loco al santo.

Andronio                                ¿De ese modo
                              ya es loca y santa esta dama?

Felicio                       Lo primero la acomodo.

Pinardo                         ¿Qué es esto, señores?

Andronio                                    Es
                              milagros que hace el sermón
                              de fray Domingo, después

que vino aquí.

Pinardo
                      La ocasión
nos decid, Andronio, pues.

Felicio
        Margarita, poco a poco
en el sermón convertida
de Domingo, a quien invoco,
o muda de estado y vida,
o la ha dado un furor loco.
        A cada voz que intimaba
el padre predicador,
una joya se quitaba;
y sin mirar el valor
de su sangre y dónde estaba,
        medio desnuda y llorando,
el sermón interrumpía
voces y suspiros dando.

Pinabel          ¿Ella, santa?

Andronio              ¿No podría?

Pinabel          No estoy el poder dudando
        del cielo; pero primero
seré yo fraile que vos
la veáis santa.

Celio                 No quiero
dudar del poder de Dios;
el fin de este caso espero.
        Mas ¿no es ésta?

Ludovico              Sí, y tras ella

toda la gente que sale.

Celio          Loca viene.

Pinabel                    Loca y bella.

Andronio       Como su virtud iguale
               a sus vicios, dichosa ella.

(Salen Margarita, medio desnuda, y pobres tras ella, y Leonela.)

Margarita            Afuera galas dañosas,
               joyas torpes y lascivas,
               plumas con que la corneja
               prestada hermosura envidia.
               Casa del demonio he sido,
               y porque al huésped despida,
               en fe de mudarse a ella
               mi Dios la desentapiza.
               Tomad, pobres de mis ojos.

Leonela        ¡Ah, señora de mi vida!
               ¿En la calle te desnudas?
               ¿No adviertes en quién te mira?

Margarita      Leonela: el mundo avariento,
               para quien por él camina,
               puerto es de Arrebatacapas,
               y así las ropas me quita.
               Vestidos hizo el pecado
               que a Adán y Eva ensambenitan.
               La verdad anda desnuda,
               adornada la mentira.
               En la calle han de ver todos

que la hermosura fingida
que en mí los encadenó
prestada fue, que no mía.
Fue hermosura de alquiler,
pues claro está que la alquila
quien con galas es hermosa,
si sin ellas la abominan.

Leonela            Pinabel, Celio, Pinardo,
pues aquí estáis, reducidla,
que se le va por la posta
la medula de la vida.

Pinabel           Señora, volved en vos,
que no es bien que Margarita
tan bella y que tanto vale
la lloremos hoy perdida.

Margarita       ¡Qué bien en el uso estáis,
idiotas, cuya doctrina
cuando os rodeabais de sabios,
la llama Pablo estulticia!
La parábola ignoráis
de la mujer afligida
que, descuidada, perdió
la preciosa margarita,
y revolviendo la casa
luz enciende, trastos quita,
cofres busca, suelos barre,
galas saca, cajas mira,
hasta que, habiéndola hallado,
llama a voces las vecinas;
sale de sí, fiestas hace,
gasta, festeja, convida.

Pues si Margarita soy
y, perdiéndome en mí misma,
estaba fuera de mí,
sin valor y sin estima,
y hoy dentro de mí me busco,
la luz del Sol encendida
de la palabra de Dios
que fray Domingo predica,
¿qué mucho que para hallarme
arroje galas malditas,
barra el alma de sus culpas,
y sin mirar quién me mira,
pues a mí misma me hallé
cuando en mí estaba perdida,
haga fiestas por las calles
y dé a los pobres albricias?
Margarita soy hallada,
de Dios sigo la doctrina.
Amigos, hagamos fiestas,
a convidar voy amigas.

(Baila.)      Cantadme mil parabienes,
bailemos, que la alegría
aquestos efectos causa;
todos celebren mi dicha.

Leonela      Miren cuál anda el meollo,
señora, mas que nos tiran
pepinazos los muchachos,
y que nos van dando gritan.

Ludovico      ¡Hay lástima semejante!

Margarita      ¿Ésta es lástima? ¿Y la vida
que yo tuve y vos tenéis

os alegra y no os lastima?
Muy necio sois para alcalde.

Leonela          ¿Qué hacéis, señores? Asidla
                 y a su casa la volvamos.
                 ¡Malhaya nuestra venida!

Pinardo          No os habéis de desnudar;
                 ni porque estéis convertida
                 habéis de hablar disparates.

Margarita        Quien es loca que los diga,
                 ¿Dónde me lleváis?

Celio                           A casa.
                 Tenedla y vaya.

Margarita                       ¡Oh que linda
                 compañia me llevaba!
                 ¡Afuera gente lasciva!
                 Que si se pagan los vicios
                 por las malas compañías
                 no quiero que me paguéis
                 los vuestros, ya que estoy limpia.
                 ¡Fuera, digo, gigantones
                 del mundo! La seda encima
                 y la paja por de dentro,
                 amantes a la malicia,
                 que soy amante de veras.

Pinardo          Dejadla, que desatina
                 y está furiosa.

(Vanse. De dentro.)

**94**

| Voces | A la loca. |
|-------|-----------|

| Margarita | Mi Dios, si hizo el mundo estima |
|-----------|----------------------------------|
|           | de mi frágil hermosura, |
|           | hoy al menosprecio incita. |
|           | Llámenme loca por Vos, |
|           | seré la loca divina. |
|           | ¡Albricias me pedí, cielos, albricias! |
|           | Que si soy la perdida Margarita, |
|           | pues a la luz de la verdad me hallaron, |
|           | venga mi Dios y le dará su hallazgo. |

Fin de la segunda jornada

## Jornada tercera

(Salen Leonela, a lo beato, Lelio y Britón, de peregrinos.)

Lelio          Un año, Leonela, he estado
en el duro cautiverio
de la ausencia, y de Valerio
temeroso. Él ha sanado
   y yo por puntos peor
moriré, pues Margarita
mudada imposibilita
mi vida, como mi amor.
   ¿Qué trueco de vida es éste?
¿Qué llanto? ¿Qué soledad
manchará su mocedad
porque la vida me cueste?

Leonela      ¿Qué quieres? Todos andamos
a lo capacho. Yo y todo,
como ves, ando del modo
que anda un Domingo de Ramos,
   suspirando por instantes,
vestida de devoción,
siendo en toda procesión
paso de disciplinantes;
   y, en fin, si en la vita bona
que ya me hacen dar de mano,
fui bellaca a canto llano
ya soy santa socarrona.
   Todo se muda. El camino
de virtud sigo, ¿qué quieres?

Britón       Mejor medrarás si hicieres
fayancas a lo divino.

| | |
|---|---|
| Leonela | El rosario y fray Domingo<br>han acabado esto y más. |
| Britón | Hecha un almíbar estás<br>del cielo; si en ti me pringo<br>pegaráseme el ser santo. |
| Leonela | Pues llegue, que aquí hay cordón.<br>que tiene por devoción<br>diez ñuditos como un canto. |
| Lelio | ¿Qué? ¿No se acuerda de mí<br>tu señora? |
| Leonela | No hay que hablar,<br>con rezar y más rezar<br>al malo aparta de sí.<br>Trae al cuello de ordinario<br>más cuentas que un buhonero. |
| Lelio | De esa suerte yo me muero. |
| Leonela | Conviértete tú en rosario,<br>y a su cuello te traerá. |
| Lelio | Luego ¿de nada ha servido<br>lo que de mí has recibido?<br>Luego ¿en vano escrito te ha<br>en esta ausencia mi amor,<br>que de su industria discreta<br>te aproveches? |
| Leonela | No hay receta, |

por sabio que sea el doctor,
    que aproveche si el enfermo
no la quiere ejecutar.
No tienes que me culpar,
que en verdad que no me duermo.
    No hay ocasión de nombrarte
que, encajándole la historia,
no le traiga a la memoria
lo mucho que debe amarte.
    Y aun hubo vez que mohina,
después que me reprendió,
sin que ayunase, me dio
colación de disciplina.
    Viene fray Domingo a casa,
y endiósala de manera,
que, si al mundo fue de cera,
para Dios es ya de masa.
    Su padre está tan contento
como antes estaba triste;
sayal o estameña viste,
hierbas son nuestro sustento,
    que carne no es ya comida
de que nuestra mesa ayuda

Britón            Opilóse con la cruda
                  y págalo la cocida.

Leonela               No sé; lo que experimento
                  es, que desde un año acá
                  solos rosarios me da
                  por salario y por sustento.
                      En lugar de letuario
                  rosarios he de almorzar;
                  a comer, a merendar

y a hacer colación, rosario.
Rosario al hacer labor,
rosario al agua bendita,
rosario cuando hay visita,
rosario si hace calor.
Rosario si llueve o hiela,
y, en fin, me tiene tan harta
que es cada hora ya una sarta
de rosarios en Leonela.

Britón          Si Apuleyo te topara
y una mano te mordiera,
rosada estás de manera
que al punto te desasnara.

Lelio            Pues, Leonela, yo he venido
con tan loco frenesí,
que he de darme muerte aquí,
o el fuego que se ha encendido
en mi alma poco a poco
Margarita ha de apagar.
Hoy la tengo de gozar
o morir hoy.

Leonela              ¿Estás loco?

Lelio            No sé qué furia me incita
y me trae como me ves.
Margarita mi bien es,
moriré sin Margarita.
No dudes de esto.

Leonela             Habla paso
no sepa que estás aquí.

| | |
|---|---|
| Lelio | ¿Qué importa? |
| Leonela | ¡Pobre de mí! |
| Lelio | Yo me muero, yo me abraso. |
| Leonela | Calla, que si te conoce<br>y contigo me oye hablar<br>esta noche he de cenar<br>confites de doce en doce,<br>   que de cuerdas de vihuela<br>hizo de alambre y de pita. |
| Lelio | Si no gozo a Margarita<br>éste es mi entierro, Leonela.<br>   De peregrino he venido<br>para hallar fácil la entrada<br>de esta casa tan mudada<br>sin que sea conocido.<br>   Si a mi vida no das traza<br>de mi muerte no te espantes. |
| Leonela | Pues menos la amabas antes. |
| Lelio | Después que así se disfraza<br>   y de estado y vida muda,<br>o lo hace la privación<br>o el infierno, en su afición<br>me enciende. |
| Leonela | Aqueso es, sin duda.<br>   Mas yo ¿qué tengo de hacer?<br>Si tu nombre le repito |

ya en libros y horas escrito,
ya llegándole a esconder
  en las mangas de la ropa,
debajo la cabecera,
en la labor, en la estera,
el nombre de Lelio topa,
  ¡qué golpes no me ha costado,
por más que niego y reniego!
Ni ¿qué importa encender fuego
si lágrimas ha topado,
  que cada instante que reza
en estas cuentas derrama,
con que apagando la llama
me quiebro yo la cabeza?
  No sé cómo correspondas
con tu gusto.

Lelio               Solo un medio
a mi mal dará remedio,
y es que esta noche me escondas
  adonde mi persuasión
su áspera vida mitigue
y a que me quiera la obligue
la fuerza de la ocasión.

Leonela     Y que me llueva a mí a cuestas.

Lelio       Con decir que nada sabes
cumples.

Leonela     Si tengo las llaves
y no hay otras puertas que éstas,
  ¿qué he de responder?

| | |
|---|---|
| Lelio | Responda<br>esta cadena por ti. |
| Leonela | Si me eslabonas así,<br>cuando en el alma te esconda,<br>  no es nada. ¡Buen cabestrillo!<br>Éntrate allí dentro, anda.<br>¿Qué postema no se ablanda<br>con este ungüento amarillo?<br>  Yo te cerraré con llave<br>dentro de aquel aposento. |
| Britón | ¿Y yo? |
| Leonela | Tengo cierto cuento<br>que decirle. Ya él lo sabe. |
| Britón | Ahí te las tienes todas. |
| Leonela | Aun así te quiero bien.<br>Lelio: con ella te avén,<br>veamos cuál te acomodas,<br>  que yo con esto he cumplido. |
| Lelio | La vida te soy a cargo. |
| Britón | Soy tu amargo. |
| Leonela | ¡Y muy mi amargo!<br>Entra presto que he sentido.<br>  gente. |
| Britón (Aparte.) | (¡Qué linda beata!) |

(Vanse Lelio y Britón.)

Leonela        Aunque se vista de seda
               la mona, mona se queda,
               que el mercader siempre trata.

(Sale Margarita, en hábito honesto.)

Margarita      Rosario soberano, mi esperanza
               en vuestras cuentas tiene un firme estribo;
               esclava fui del infernal cautivo,
               un año ha que tomó de mí venganza.
                  Mucho os debo, mi Dios; en mucho alcanza
               a mis pequeños gastos el recibo;
               no saquéis mandamiento ejecutivo,
               que yo os daré en domingo una fïanza.
                  Más, Señor, si os agradan las migajas
               de mi corto caudal, aunque son cosas
               de pequeño valor y prendas bajas,
                  ejecutadlas, y serán dichosas,
               que si el mal pagador os paga en pajas,
               aunque yo os pague mal, pagaré en rosas.

                  ¿Leonela?

Leonela                     Señora mía.

Margarita      ¿En qué entiendes?

Leonela                     En pasar
               de un lugar A otro lugar
               una y otra AveMaría.

Margarita         ¿Has aprendido del modo

**104**

que el rosario que es entero
se divide?

Leonela            Aunque grosero
mi ingenio, ya lo sé todo.

Margarita        Repite, pues la lección
que acerca de esto te di.

Leonela     Agora la repetí,
estoy haciendo oración.
    Soy muy flaca de cabeza;
mejor fuera merendar.

Margarita     Leonela, ya no hay jugar.
Deja las burlas y empieza
    si quieres que el bien te cuadre
con que Dios el alma ayuda.

Leonela     Soy, señora, por ser ruda,
buena para el mal de madre.
    Y según me haces comer
rosas, debes de pensar
que he menesterme purgar.
Ya no puedo padecer
    tanto, que Lelio es testigo.

Margarita     ¿No te he mandado que el nombre
no mientes aquí de ese hombre?

Leonela     Bien sé yo por qué lo digo;
    que, como Lelio es discreto,
todas las veces que pasa,
que son hartas, por tu casa,

viendo mi flaco sujeto
    me dijo: «no ayune tanto»,
porque si una vez desquicio
los umbrales del jüicio
enloqueceré a lo santo;
    y no es bien que pague mal
a Lelio, que bien te quiere.

Margarita        Leonela, cuando te oyere,
sin hacer de mí caudal,
    nombrarme otra vez ese hombre,
no has de estar más en mi casa;
ya de los límites pasa
tu atrevimiento. Ni el nombre
    he de oír del instrumento
de mi torpe perdición.

Leonela          Pues ¿yo?

Margarita              No des ocasión
Leonela, a mi sufrimiento;
    usa bien de mi paciencia,
o despídete.

Leonela                Señora,
si nombrase desde ahora
a Lelio, ni en tu presencia
    ni ausente, aunque Lelio sea
tan galán y gentil hombre,
pues te da de Lelio el nombre
enfado y no te recrea,
    plegue a Dios que Lelio
venga a estar en casa escondido
por mi mal, y que perdido

el seso tan poco tenga, que Lelio
  y tú estando juntos,
porque yo fui la ocasión,
tú me des un bofetón
y Lelio estampe los puntos
  del zapato en mi barriga;
porque Lelio, ¿qué me ha dado?
Si es Lelio o no es Lelio honrado,
el mismo Lelio lo diga.

Margarita          O que me enoje apeteces,
o loca debes de estar.
Mándotele no nombrar
y nómbrasle tantas veces.

Leonela          Escucha, y no seas crüel,
ni por nombrarle te ofendas,
que hago Carnestolendas
para despedirme de él.

Margarita          Dejemos, Leonela, gracias.
Híncate aquí de rodillas
y sabrás las maravillas
que contra nuestras desgracias
  aqueste rosario encierra.

(Híncanse las dos.)

Leonela          En fin, ¿nos hemos de hincar?
¡Válgate Dios, por rezar!
Hincada estoy en la tierra.

Margarita          Los misterios del Rosario
son quince. ¿Sábeslos?

Leonela                                        Sí;
                           jugar al quince aprendí
                           en casa de un boticario.

Margarita                  Los primeros, que son cinco,
                           son gozosos.

Leonela (Aparte.)             (No hay tal gozo
                           como el dar la mano a un mozo
                           blanco y rubio como un brinco.)

Margarita                  ¿Qué dices?

Leonela                       Que cinco son
                           los que son gozosos solos;
                           pero no cinco de bolos,
                           cinco, sí, de devoción.

Margarita                  Los otros cinco se llaman
                           dolorosos.

Leonela (Aparte.)             (¡Qué dolor
                           es gastar mi edad en flor,
                           cuando dos lacayos me aman,
                              hincada aquí como estaca!)

Margarita                  Los otros son los gloriosos.

Leonela                    ¡Oh misterios generosos!
(Aparte.)                  (Pues que soy tan gran bellaca
                              levantadme de aquí presto.)

Margarita                  Los cinco primeros, pues,

quiero enseñarte, y después
los otros.

Leonela                  Buena me han puesto.

Margarita       La soberana embajada
del paraninfo Gabriel
contempla, que desde Abel
tan pedida y deseada
    fue hasta este punto divino.
¡Qué lágrimas no vertían
los que a las nubes pedían:
«Lloved, cielo cristalino,
    el rocío celestial
que nuestras penas consuele,
y en la concha se congele
soberana y virginal».
    ¡Ay, qué soberano ejemplo
dais, amoroso Señor,
de vuestro infinito amor!
¿No contemplas?

(Duérmese Leonela.)

Leonela                       Ya contemplo.

Margarita       Pues en oración mental
contempla aquel Ecce ancilla,
de aquella humildad tranquila,
pues que tuvo fuerza tal
    que al mismo Dios derribó,
pues el Ecce apenas dijo,
cuando el que era de Dos hijo
en su pureza encarnó.

¡Ay, que el corazón destemplo
en amor, ternura y llanto,
mi Dios, mi humanado santo!
¿No contemplas?

Leonela                           Ya contemplo.

Margarita          Contempla, pues, esto así,
mientras yo a la Virgen doy
gracias, aunque indigna soy,
por aquel divino sí
    que dio al cielo. ¡Ay, rosa bella;
que siendo Jesé el rosal
y la causa virginal,
María al fin nació de ella;
    aquella rosa sagrada,
por nuestra dulce ecce arcilla,
que eternamente destila
celestial agua rosada!
    ¡Ay, cuentas, qué provechosas
sois a quien os satisface!
Rosas sois de quien Dios hace
para el alma un pan de rosas.
    Con vosotras me recreo,
que sois mi consuelo, en fin,
y como por un jardín
por vosotras me paseo.
    Como Dios es hortelano
y su gracia la que os riega,
nunca el duro invierno os llega,
siempre gozáis del verano.
    Primavera sois de bienes,
siempre sois florido mayo.

| | |
|---|---|
| Leonela (Aparte.) | (¡Válgate Dios! Por lacayo<br>qué buenas piernas que tienes.) |
| Margarita | ¿Qué es eso? |
| Leonela | Estoy contemplando. |
| Margarita | ¿En la embajada? |
| Leonela<br>(Aparte.) | ¿Pues no?<br>(En la que Lelio me dio.) |
| Margarita | ¿Qué dices? |
| Leonela | Digo, que ando<br>agora en cuando del cielo<br>el ángel se despedía<br>de los deudos que tenía,<br>haciendo jornada al suelo,<br>    lo que llorarían con él.<br>Paréceme que los veo<br>decir: «Que volváis deseo<br>muy rico de allá, Gabriel.<br>    Guardaos de murmuradores,<br>calcillas y bigotillos,<br>conventuales de corrillos<br>y academias de censores.<br>    Que aunque sois un San Gabriel<br>han de murmurar de vos,<br>pues no perdonan a Dios<br>ni a sus ministros con Él.<br>    Apartaos de los poetas,<br>aunque hay tantos, que no sé<br>si podréis, pues ya se ve |

          entre agujas y banquetas
            Apolo, por su desastre,
          y el zapatero se mete
          a darle con el tranchete
          y con su tijera el sastre».

Margarita              Leonela: los que acá
          bajan siempre gozan la presencia
          de Dios y su eterna esencia;
          no hay llanto allá,
            no trabajan.

Leonela                      ¿Luego no se despidió
          el ángel de esotros bellos?

Margarita       Si estaba siempre con ellos,
          ¿para qué?

Leonela                Engañéme yo.

(Ruido de dentro de carrera.)

               Mas ¿qué es esto? Carrerita,
          no la pienso yo perder.

Margarita       ¿Dónde vas?

Leonela                  A ver correr.

Margarita       ¿Estás loca?

Leonela                    Estoy contrita.
            Pero esto de cascabeles
          inquiétanme de ordinario.

| Margarita | Cuando rezas el rosario, |
|---|---|
| | ¿es justo que te desveles |
| | en cosas vanas? ¿Qué intentas? |

| Leonela | Todo es pura devoción, |
|---|---|
| | pues los cascabeles son |
| | redondos como las cuentas, |
| | y de los dos imagino |
| | que son, y no es dicho en vano, |
| | el pretal rosario humano, |
| | y ese otro pretal divino. |

(Sacan Pinardo y Alberto a Valerio desmayado.)

| Pinardo | Si es verdad que vive en vos |
|---|---|
| | la piedad con que Florencia |
| | vuestra fama reverencia, |
| | y amando ya a lo de Dios, |
| | sois al mundo ejemplo nuevo |
| | que vuestra vida acredita, |
| | no es posible, Margarita, |
| | que, mirando este mancebo |
| | cuál está de una caída |
| | que dió un caballo corriendo, |
| | su desgracia socorriendo |
| | no intercedáis por su vida. |
| | Pruebe en vos la devoción |
| | lo que médicos no pueden. |

(Vase Pinardo.)

| Alberto | Vuestras oraciones queden |
|---|---|
| | con él, pues bastantes son |

a volverle en sí, y Leonela
y yo iremos a buscar
agua con que despertar
su desmayo.

Leonela                  ¿Qué cautela
  es ésta?

Alberto                  Por agua ven,
y sabráslo de camino.

Leonela        Ir por ella determino
al mar.

Alberto              Y estaréle bien
  a Valerio, porque tardes,
que no es el suyo desmayo.

Leonela        ¿No? Pues ¿qué?

Alberto           Amoroso ensayo.
Oye, y ven, porque no aguardes.

(Vanse estos dos.)

Margarita      ¿Qué enmarañada invención
quiere inquietar mi sosiego?
Junto a la pólvora el fuego,
la hacienda junto al ladrón.
Si es Valerio, y la ocasión
puede tanto, ¿qué he de hacer?
Agua fueron a traer
los que de mí no hacen caso;
traigan agua, que me abraso

sin saberme defender.
   ¿Iréme de aquí? Mas dejo
a Valerio desmayado,
y si le halla en este estado,
¿qué dirá mi padre viejo?
Quedarme no es buen consejo,
pues no irme ni quedarme
y consentir abrasarme
mi afrenta vuelvo a temer,
que estoy sola, soy mujer
y no hay que poder fïarme.
   ¡Ah Leonela! Pero fue
por agua y no volverá,
que sobornada estará
porque a mi mal tiempo dé.
Aconsejadme, ¿qué haré,
cielos piadosos aquí?
¿Huiré este peligro? Sí,
que si Valerio cayó
no es razón que caiga yo
y que me lleve tras sí.
   Desmayado está, no quiero
aguardar a que en sí vuelva,
y que torpe se resuelva
a lo que intentó primero.

Valerio           Espera, entrañas de acero,
si te obligan a esperar
lágrimas que despertar
este desmayo han podido.
¿Es posible que yo he sido
quien tuvo en tu amor lugar?
   Mas sí, que en esta desgracia,
no tan por peligroso hallo

la caída de un caballo
como el caer de tu gracia.
La hermosura que te agracia
no es razón que esté empleada
en la vida despreciada
que con este traje adquieres,
porque no te digan que eres
la bella malmaridada.
　　Yo fui tu primero dueño,
ser quiero tu esposo ahora.
Valerio es el que te adora,
aunque en méritos pequeño.
El alma otra vez empeño
que a los principios te di.
No es bien que borres así,
entre esa estameña oscura,
Margarita, una hermosura
de las mas lindas que vi.

Margarita
　　Valerio: volved en vos;
mudad de intento y estado;
por Dios solo os he dejado,
no hagáis competencia a Dios.
Solos estamos los dos,
si pasar la vida en flores
queréis, no las hay mejores
que las que en mis cuentas veis.
Aquí amores hallaréis
si habéis de tomar amores.
　　Si de mi pasado yerro
os vine cómplice a hacer,
locura será volver
al vómito como el perro.
A Dios por amante encierro.

Dentro del alma le oí
decirme: «Mi gracia os di,
y pues que entre los del mundo
soy amante sin segundo,
no dejéis por otro a mí».

Valerio          Pues si por ruegos no basto,
por fuerza hoy crüel verás
del mal pago que me das
un castigo poco casto.
En balde palabras gasto,
y de intento o vida muda.

Margarita        ¡Cielos! ¿No hay quien me dé ayuda?

(Sale Lelio con el bordón desenvainado.)

Lelio            ¿Cómo te puede faltar,
donde yo estoy, que a estorbar
tu agravio quiere que acuda?

Margarita        ¡Lelio en mi casa! ¿Qué es esto?

Valerio          ¿Qué ha de ser, sino señal,
hipócrita desleal,
de tu trato deshonesto?
Tu fama en el vulgo has puesto
hasta el cielo, y escondido
tu vil galán atrevido.
A tu viejo padre engañas
que con tan torpes hazañas
tu santidad ha fingido.
El hábito honesto deja,
que para Dios no hay engaño;

pues para hacer mayor daño
viene el lobo en piel de oveja.
Vuelve a tu costumbre vieja,
pues no tienes que perder,
y volverá el vulgo a hacer
burla de tu torpe vida,
que la honra una vez perdida
mal la cobra una mujer.
     Con Lelio en público trata,
si en secreto a hablarte vino,
que bien viene un peregrino
con una falsa beata.

Lelio

Mientes, y refrena o ata
la lengua descomedida,
o quitaréte la vida.

Valerio

Aquí no, vente tras mí
porque satisfaga en ti
tu atrevimiento y mi herida.
     Y tú, hipócrita, no dudes,
pues tan convertida estás,
que he de ocuparme de hoy más
en pregonar tus virtudes,
y aunque a su casa acudes
a servir a Dios, desde hoy
haré en la ciudad que estoy
que sus vecinos te alaben.

Lelio

Ya sabes a lo que saben
mis manos.

Valerio

       Ven.

(Vase Valerio.)

Lelio                              Tras ti voy.
                        Margarita, no es razón,
ya que en tu defensa cuerda
la vida pierda, que pierda
antes de ella la ocasión.
Si una justa obligación
a mi amor basta a moverte,
y el salir a defenderte
te mueve, paga mi fe,
o antes que me la dé
Valerio verás mi muerte.
    Solo tu amor ha podido
disfrazarme como ves;
tu amor, Margarita, es
quien hoy aquí me ha escondido.
Valerio se va ofendido
a decir por la ciudad
que con fingida amistad
pagas mi amor torpemente,
y pues le ha de creer la gente,
haz su mentira verdad.

Margarita              No permitas, Lelio, que haga
a Dios y al rosario ofensa.

Lelio              No he de forzarte; mas piensa
que si así mi amor se paga,
ha de acabarme esta daga,
y hallándome aquí sin vida,
la ciudad, de ti ofendida,
te llamará descompuesta,
con Valerio deshonesta

y conmigo mi homicida.
Paga bien voluntad tanta.

Margarita

¡Oh, torcida inclinación!
¡Oh, fuerza de la ocasión!
Sola estoy, Lelio, levanta
devoción piadosa y santa.
¿Qué lobo deja la presa
por más que ayunar profesa?
¿Qué tesoro el avariento,
o qué manjar el hambriento
cuando le ponen la mesa?
   Soy mujer, bástame el nombre,
frágil es mi natural.
Ni acero ni pedernal
será razón que me nombre.
De la costilla del hombre
la mujer recibió el ser,
al centro quiero volver
que mi inclinación dispone,
Dios y el rosario perdone.

Lelio

¿Qué? ¿Mi amor vino a vencer?
   Déjame poner la boca
en estas manos, los brazos
sean de este cuello lazos
donde mi alma su bien toca.

(Salen Leonela y Alberto con agua.)

Alberto

¡Ay mudanza torpe y loca!
A buen tiempo el agua viene
si acaso sed tu ama tiene,
que habrá sido el calor mucho.

                    Mas, ¿qué veo?

Leonela                    Y yo ¿qué escucho?

Alberto         Hecho me he quedado grulla
                en un pie. ¿Con quién se arrulla
                la santa?

Leonela                    Es un avechucho
                que en figura de romero
                no le conoce Galván.

Alberto         ¿No es Lelio éste, aquel galán
                de Margarita? ¿Qué espero?

Leonela         ¿Y el desmayado?

Alberto                    Eso quiero
                preguntar.

Leonela                    Gentil ensayo.

Alberto         Mas que tienes su lacayo
                con el mismo fingimiento
                aquí.

Leonela                    Como se lo cuento.

Alberto         Pues yo también me desmayo.

Leonela             ¿Dónde Valerio estará?

Alberto         Saberlo será mejor.

| | |
|---|---|
| Leonela | ¡Ay, señora, mi señor! |
| Alberto | ¿Cómo? |
| Leonela | En la sala entra ya. |
| Alberto | Leonela, dime: ¿no habrá<br>desván o zaquizamí<br>adonde me escondas? |
| Leonela | Sí.<br>¡Eh, lo que ha de hacer el viejo!<br>Mas haga, allá me los dejo. |
| Alberto | Escóndeme. |
| Leonela | Ven tras mí. |

(Vanse los dos. Sale Cleandro y halla abrazados a Margarita y Lelio.)

| | |
|---|---|
| Cleandro | ¿Valerio descolorido<br>de mi casa y descompuesto<br>contra mis canas? ¿Qué es esto?<br>¿Aún no ha escarmentado herido?<br>Pero no sin causa ha sido,<br>según lo que llego a ver.<br>A inconstancia de mujer<br>no es mucho sienta los lazos<br>si toma el honor abrazos<br>que otra vez vuelva a caer.<br>Pidan eterna quietud<br>al mar donde no hay sosiego,<br>flores y hierbas al fuego,<br>prudencia a la juventud, |

a la enfermedad salud,
verdades al mercader,
seguridad al poder
y humildad a la riqueza,
como no pidan firmeza,
ni palabra a la mujer.
  ¡Qué presto te arrepentiste
de la virtud que profesas!
Al vicio pusiste presas,
pero presto las rompiste!
La estameña que se viste
no es honra en ti, mas baldón,
que el hábito y religión
no hace santo al que le muda,
si al vestirle no desnuda
su perversa inclinación.
  También tú te has disfrazado,
pero bien fue que viniera
un romero a una ramera
como ella disimulado.
Corta estación has andado
para el traje que desdora
tu fama; mas porque ahora
excuses jornada tanta,
por no ir a la casa santa
vienes a la pecadora.
  A tan devota estación
justo es que luces encienda,
yo encenderé con la hacienda
la imagen de devoción.
No ha de haber más ocasión
en mi casa de pecar,
toda la quiero abrasar,
aunque la vida me cueste,

que es hacienda al fin de peste
y la manda el juez quemar.
Sacar de aquí una hacha quiero.

(Descubre a Britón, de peregrino, y a Alberto y en medio a Leonela.)

Britón          ¡Par Dios, que nos ha cogido!

Cleandro      ¿Qué es esto?

Britón                 No es nada, un nido
de chinches en agujero,
un San Roque, soy romero.

Alberto       Yo a su mastín me acomodo.

Leonela      Y yo vengo a hacer de todo
mi figura en el retablo,
que en casa en que vive el diablo
anda a lo del diablo todo.

Cleandro         ¿Qué hacéis de esa suerte?

Britón                Al son
que nos hacen nuestros amos,
también los mozos bailamos.

Cleandro      ¿Vio el mundo tal perdición?
Ya ni hay seso ni hay razón
que darme la muerte impida.
¡Ay casa! ¡Ay honra perdida!
¡Ay hija torpe y liviana!
Si fray Domingo no os sana,
yo me quitaré la vida.

(Vase.)

Lelio            No he tenido para hablalle
                 cara ni lengua.

Margarita                    Eso puede
                 la razón que al vicio excede,
                 y le enfrena porque calle.
                 No sé como he de miralle
                 al rostro desde hoy.

Lelio                          Repasa
                 la violencia que me abrasa,
                 a pesar de mi valor,
                 y obligaráte mi amor
                 a dejar por mí tu casa.
                 Tu padre es determinado
                 y está indignado contigo,
                 solo la muerte es castigo
                 del padre o marido honrado;
                 pues si a fray Domingo ha dado
                 de estas liviandades cuenta,
                 ¿cómo sufrirás la afrenta
                 con que es fuerza te dé en cara?
                 Huye, que su mal repara
                 quien ha pecado y se ausenta.
                 En Nápoles viviremos,
                 que es Babilonia del mundo.
                 Huye el ímpetu segundo
                 de tu padre.

Margarita                  ¡En qué de extremos
                 los que pecamos caemos!

| | |
|---|---|
| Britón | Leonela, yo me despido; |
| | títeres habemos sido |
| | en tu confuso retablo. |
| | |
| Alberto | Si el viejo vuelve, algún diablo |
| | le aguarde. |
| | |
| Britón | Algún descosido. |
| | |
| Leonela | Éntrense acá, que les quiero |
| | decir a los dos un poco. |
| | |
| Britón | ¡Que me traiga ésta hecho un loco! |
| | |
| Alberto | ¿Y yo no ando al retortero? |
| | |
| Britón | Ahora bien: compañero, |
| | alcancemos dos bocados |
| | amigos y conformados. |
| | |
| Alberto | ¿Y si de palos nos dan? |
| | |
| Britón | Gradüado de galán |
| | quedarás. |
| | |
| Alberto | ¡Fuego en los grados! |

(Vanse Britón, Alberto y Leonela.)

| | |
|---|---|
| Lelio | ¿Qué determinas? |
| | |
| Margarita | Forzoso |
| | lo que dices ha de ser; |

morir quiero y no me ver
ante el rostro riguroso
de mi padre.

Lelio                                   Venturoso
fin has dado a mi amor hoy;
pues esperándote estoy,
¿qué aguardas?

Margarita                           ¡Ay amor loco!
Déjame aquí sola un poco.

Lelio             Date prisa.

Margarita                       Tras ti voy.

(Vase Lelio.)

Margarita            Virgen divina, si mi vida exenta
de mi casa me saca en que habéis sido
huéspeda mía un año que he cogido
rosas de aquel jardín que el bien aumenta;
     ya que me parto por huír mi afrenta,
puesto que cuenta no me hayáis pedido,
tornadla, no digáis que me despido
haciendo sin la huéspeda la cuenta.
     Cuentas os debo de hoy, que no he rezado;
pero, Señora, aún no es pasado el día,
mas no queréis que os pague en este trance.
     Mal viene la oración con el pecado;
huír es lo mejor, Virgen María,
mas temo vuestro alcance no me alcance.
(Va a ir y se cae.)      ¡Jesús, mil veces! ¡Caí!
El chapín se me torció,

**127**

en fe de que también yo
con él la virtud torcí.

    Mal suceso ha de tener
amor que empieza en azar,
si es agüero el tropezar,
cielos, ¿qué será el caer?

    ¡Ay, si mi dicha quisiera
que, cayendo de un chapín,
pues es corcho, vano al fin,
de mi vanidad cayera,

     y por excusar la afrenta
que de huir conseguiré,
se quedara mi honra en pie
y yo cayera en la cuenta!

    Ahora bien, Lelio perdone,
y su amoroso interés,
pues adivinan los pies
el lazo que amor les pone.

    Y a la virtud reducida,
pues que libre me levanto,
sirva de freno al espanto,
si temo la recaída.

    Mas ¿con qué vergüenza puedo
aguardar la reprensión
de quien con tanta razón
me amenaza si aquí quedo?

    Todo el gusto lo atropella;
si aquí a mi padre esperara,
jamás alzara la cara,
pues me ha de dar siempre en ella

    con el honor que le quita
mi liviandad. ¡Ay, Amor!
¿Qué haré? Quedarme es mejor.
¡Viva la honra!

(De dentro.)

Lelio                        ¡Ah, Margarita!
                    ¿Así cumples tu promesa?

Margarita          ¡Ay, cielos! Lelio me llama,
                   Valerio a voces me infama,
                   mi vicio el vulgo confiesa;
                      Fray Domingo de Mendoza,
                   si aguardo su reprensión,
                   ha de ser mi confusión,
                   mi inclinación libre y moza.
                      Puede infinito conmigo.
                   Mi padre ha vuelto en furor
                   todo su pasado amor,
                   y es bien tema su castigo.
                      Todo lo reparo huyendo;
                   adiós casa, adiós vejez;
                   honra, adiós. ¡Caí otra vez!
                   ¿Qué aguardo? Mas ¿qué pretendo?
                      Si en la primera caída
                   Pablo su remedio funda,
                   cayendo yo la segunda,
                   ¿qué espero en tal recaída?
                      Pero en tan confuso abismo
                   por menos difícil hallo
                   caer Pablo del caballo
                   que el pecador de sí mismo.
                      Aunque no le imito yo
                   por ser más frágil mi ser,
                   que, en fin, Pablo, con caer,
                   de su presunción cayó.
                      Ea, sospecha ligera,

**129**

de vuestro padre el furor
huíd, pues os guía Amor
y Lelio amándome espera.
    ¡Jesús, caí! ¿Dónde voy?
Mas ¡ay, torpeza perdida,
si va de tres la vencida,
vencida y en tierra estoy!
    No me puedo levantar,
¡ah intenciones desbocadas!
Dios os da de sofrenadas
¿y el freno queréis quebrar?
    Póngaos su castigo miedo.

(Sale un mancebo muy galán, que es el Ángel de la guarda, y levanta a Margarita.)

Ángel

Si su justicia os espanta,
mi Margarita, levanta.

Margarita

Gallardo joven, no puedo.
    Tullida estoy y con duda
de volver en mí jamás.

Ángel

Por ti sola no podrás
si la gracia no te ayuda.

Margarita

    ¿Y podré con ella?

Ángel

            Sí.

Margarita

¿Pues quién me la dará?

Ángel

            Llega,
que Dios su gracia no niega

al que hace lo que es en sí.

Margarita      Mejor fuera no caer;
pues, aunque favor me ofreces,
si he caído ya tres veces,
¿cómo me podré tener?

Ángel      Con la gracia de Dios santa.

Margarita      ¿Cómo he de volver en mí
si tercera vez caí?

Ángel      Quien no cae no se levanta.
No hay natural tan robusto
que pueda tenerse en pie.

Margarita      Bello mancebo, ya sé
que siete veces cae el justo;
mas no de caídas tales
que pierda en cada caída
la esperanza con la vida,
pues las suyas son veniales,
mas las mías son de muerte.

Ángel      El gigante que luchaba,
de la tierra que tocaba
se levantaba más fuerte.
Dame la mano, que así
no volverás a caer.

Margarita      ¿Quién eres tú, que a encender
mi pecho vienes aquí,
desde que tu mano toca
las mías? Dichoso empleo,

desde que tus ojos veo,
desde que vierte tu boca,
  no palabras, sino almíbar,
desde que tus labios bellos
contemplo y en tus cabellos
arma lazos de oro Tíbar,
  tan perdida estoy de amor,
que en lugar de arrepentirme
y a la enmienda reducirme
que me predica el temor,
  sea dicha o sea desgracia,
a no tenerme tú, hiciera
amor que otra vez cayera,
por solo caerte en gracia.
  ¿Quiéresme decir, señor,
quién eres?

Ángel
      Quien por quererte
ha dado entrada la muerte.
Soy un fénix del Amor
  que, muerto por los desvelos
con que mis méritos tratas,
hoy a tus manos ingratas
me rinden preso los celos.

Margarita
  ¿Celos de mí? Juraré
que no te he visto en mi vida.

Ángel
¡Ay, Margarita perdida!
¿No me has visto? Pues yo sé
  hasta el menor pensamiento
de tu amoroso cuidado,
y trayéndome a tu lado
en fe del amor que siento

y que le pagues aguarda,
tanto te ha dado en celar,
que me pudieras llamar
al propio tu ángel de Guarda.

Margarita  En la celestial belleza
con que a amarte me provoco,
ángel eres, y aún es poco.
Si celos te dan tristeza,
    piérdelos, mi bien, que ya
Lelio es mi muerte y Valerlo
mi tormento y vituperio.
Solo en mi pecho hallará
    entrada alegre y süave
tu amor, que por dueño queda,
y por que otro entrar no pueda,
cierra y llévate la llave.

Ángel  Si tal reciprocación
halla en ti mi voluntad
gozar quiero tu beldad
y no perder la ocasión,
    en tu tálamo amoroso
me hallarás, sígueme luego.

(Vase el Ángel.)

Margarita  En otro amor, otro fuego
otro cuidado sabroso,
    diverso del que hasta aquí
abrasar el alma siento.
¡Ay süave encantamento!
¿Qué es esto que siento en mí?
¿Hay semejante hermosura?

¿Hay gracia más pegajosa?
¿Hay lengua más amorosa?
¿Hay más donosa cordura
   que para niño tan cuerdo,
tan grave y tan cortesano?
No hay que hablar, aquí me gano,
si por él desde hoy me pierdo;
   aunque caí no me espanta
pues me levantó el temor,
que en los sucesos de amor
quien no cae, no se levanta.

(Tire una cortina y esté el Ángel acostado en una cama.)

   Aquí ha de ser el empleo
de toda mi voluntad,
aquí espera la beldad
que adoro, mas ya le veo.
   Y no entiendo lo que es esto,
pues, en tan dichoso paso,
siento que por él me abraso
y el fuego es santo y honesto.
   Tan diferente motivo
me rinde la libertad
que soy toda voluntad
sin tener el sensitivo
   apetito entrada aquí.
Mi bien, mi luz, mi regalo,
¡que a mereceros me igualo!

Ángel          Margarita, advierte en mí
   y las ventajas verás
que llevo a los que has querido
y amantes tuyos han sido.

Y si persuadida estás
   a ser mi querida esposa,
no en tálamos de la tierra,
donde amor no es paz, que es guerra,
sino entre el jazmín y rosa
   del deleite que es eterno,
nos hemos de desposar.

Margarita

Si vos me habéis de guïar,
galán cuerdo, amante tierno,
   vamos donde vos gustéis,
que ya sin vos todo es vano.

Ángel

Dame de esposa la mano.

Margarita

En ella el alma tenéis.

Ángel

   Sígueme, pues, que encamina
el cielo tus dichas todas.

Margarita

¿Dónde vamos?

Ángel

            A unas bodas
donde es Virgen la madrina,
   y su tálamo un rosal
cuyas rosas acrecientas
cuando rezas en sus cuentas.

(Sube desde la cama el Ángel al cielo y lleva consigo a Margarita.)

Margarita

¡Ay, esposo celestial!
   Si a tal suerte, a dicha tanta
llega a gozaros mi vida,
diga mi feliz caída

quien no cae no se levanta.

(Salen Lisarda, Valerio y Lelio, desenvainadas las espadas, y Roselio.)

Lisarda

    Primo mio, esposo caro,
si sois una sangre mesma,
¿por qué queréis derramarla
en mi daño y vuestra ofensa?
Mis lágrimas pongan paz
en esta civil pendencia,
que espadas son de dos filos
que mis ojos a hilos riegan.
No haya más.

Valerio

      Falso cuñado,
que al nombre las obras muestra,
la muerte tengo de darte
a la entrada de estas puertas,
por donde en agravio mío
entran mi enojo y tu afrenta.

Lelio

Habla menos y obra más.

Roselio

¡Que con vosotros no puedan
mi autoridad ni mis canas!
Soltad las armas inquietas.

(Sale Leonela.)

Leonela

¡Milagro, milagro extraño!
Hagan tocar en iglesias,
en monasterios y ermitas
las campanas vocingleras;
entrad, veréis maravillas.

**136**

| | |
|---|---|
| Valerio | ¿Qué confusiones son éstas? |
| Leonela | Entrad, veréis el milagro<br>de mi casa. |
| Roselio | ¿Qué voceas? |
| Lelio | ¿No sabremos lo que es esto? |

(Salen Cleandro, Alberto y Britón.)

| | |
|---|---|
| Cleandro | Las armas, Valerio suelta,<br>que cuando el cielo hace paces<br>no es bien que riña la tierra.<br>El acero, Lelio, envaina,<br>porque no es ocasión ésta<br>de aceros duros y helados,<br>sino de pechos de cera.<br>Margarita que, vencida<br>de la ocasión hechicera,<br>mujer en el nombre frágil,<br>pero gigante en las fuerzas,<br>irse a Nápoles con Lelio<br>quiso, y dejar a Florencia,<br>según el Guzmán Domingo<br>me ha dado dichosa cuenta,<br>amparándola el rosario<br>y el ángel Pastor que enseña,<br>cuando van descarrïadas,<br>el camino a sus ovejas,<br>cuando se iba desbocada,<br>tiró las airadas riendas.<br>dando con sus vanidades |

y amor tres veces en tierra.
Y cuando desesperada
imitar a Caín ordena,
en traje de su galán,
que es el que más le contenta,
se le aparece y levanta
y a un jardín bello la lleva
donde, transformando en rosas,
está la Virgen sus cuentas,
sueltos los cabellos de oro
que, como las almas suelta,
que en ellos tuvo cautivos
y no quiere que más prenda,
los saca libres al aire
de una red de oro y de seda,
desmayada del amor
divino, en la cama se echa,
que mullen las mismas rosas,
sin que haya espinas en ellas,
y con la esposa diciendo
cuando con Dios se requiebra:
«Cercadme, Señor, de flores,
rosas del rosario vengan,
y sirvan de manzanillas
por fruto dulce sus cuentas.»
En el sueño con que el justo
quiere su esposo que duerma,
quedó a la cosa del siglo,
pero para Dios despierta.

Valerio     Si esto es así, cesen, Lelio,
vuestros enojos, pues cesa
la causa. Dadme esos brazos.

| | |
|---|---|
| Lelio | Y con ellos paz perpetua. |
| Roselio | ¡Gran mudanza! |
| Cleandro | Y gran ventura. |
| Lisarda | Ya se acabó mi tristeza, mi temor, mi llanto y celos. |
| Cleandro | Vida loca y muerte cuerda. |
| Leonela | Señor de mi corazón, desde hoy ha de ser Leonela una santa Catalina. No más burlas, todo es veras. Mujer convertida soy, diez mil maravedís vengan, dote de gente traída. |

(Descubren un jardín arriba con muchas rosas, y en él, echada, a Margarita, sueltos los cabellos, con un Cristo, como pintan a la Magdalena, los ojos en el cielo.)

| | |
|---|---|
| Cleandro | Para que cumplidos sean vuestros deseos, mirad el jardín que a Dios recrea, donde es rosa Margarita. |
| Roselio | Lágrimas, servid de lenguas para dar gracias a Dios. |
| Lisarda | Rosario, hazañas son vuestras; no en balde os quiero yo tanto. |

| | |
|---|---|
| Roselio | De vuestro hábito y librea<br>tengo de ser, Orden santa. |
| Cleandro | Y yo, porque buen fin tenga<br>mi vejez, dándoos los brazos,<br>quiero que en la Orden mesma,<br>en hermandad religiosa,<br>nuestra enemistad fenezca. |
| Britón | Según eso motilones<br>nos cabe ser. |
| Alberto | Como vengan<br>las llaves del refectorio<br>a mi cargo y la bodega. |
| Britón | Yo escojo la portería,<br>que en fin han de entrar en ella<br>los regalos, que alcabala<br>pagan al que está a su puerta. |
| Leonela | Yo también escojo ser<br>desde ahora hospitalera. |
| Britón | Por comerte los bizcochos<br>y andar catando conservas. |
| Lelio | Ya, Lisarda de mi vida,<br>no tengo de hacerte ofensas,<br>sino adorarte y tenerte<br>por espejo de Florencia. |
| Lisarda | Para que esté todo en paz,<br>y Valerio estado tenga, |

con Matilde se despose,
tu hermana.

Lelio                         Como él lo quiera,
en ello ganaré mucho.

Valerio            Si mi padre da licencia,
el sí la doy con el alma.

Roselio            Para largos años sea.

Cleandro           No desespere el caído
que, aunque más pecados tenga,
quien no cae no se levanta.
Margarita ejemplo sea.

Fin de la comedia

## Libros a la carta

A la carta es un servicio especializado para empresas,
librerías,
bibliotecas,
editoriales
y centros de enseñanza;
y permite confeccionar libros que, por su formato y concepción, sirven a los propósitos más específicos de estas instituciones.

Las empresas nos encargan ediciones personalizadas para marketing editorial o para regalos institucionales. Y los interesados solicitan, a título personal, ediciones antiguas, o no disponibles en el mercado; y las acompañan con notas y comentarios críticos.

Las ediciones tienen como apoyo un libro de estilo con todo tipo de referencias sobre los criterios de tratamiento tipográfico aplicados a nuestros libros que puede ser consultado en Linkgua-ediciones.com.

Linkgua edita por encargo diferentes versiones de una misma obra con distintos tratamientos ortotipográficos (actualizaciones de carácter divulgativo de un clásico, o versiones estrictamente fieles a la edición original de referencia).

Este servicio de ediciones a la carta le permitirá, si usted se dedica a la enseñanza, tener una forma de hacer pública su interpretación de un texto y, sobre una versión digitalizada «base», usted podrá introducir interpretaciones del texto fuente. Es un tópico que los profesores denuncien en clase los desmanes de una edición, o vayan comentando errores de interpretación de un texto y esta es una solución útil a esa necesidad del mundo académico.

Asimismo publicamos de manera sistemática, en un mismo catálogo, tesis doctorales y actas de congresos académicos, que son distribuidas a través de nuestra Web.

El servicio de «libros a la carta» funciona de dos formas.

1. Tenemos un fondo de libros digitalizados que usted puede personalizar en tiradas de al menos cinco ejemplares. Estas personalizaciones pueden ser de todo tipo: añadir notas de clase para uso de un grupo de estu-

diantes, introducir logos corporativos para uso con fines de marketing empresarial, etc. etc.

2. Buscamos libros descatalogados de otras editoriales y los reeditamos en tiradas cortas a petición de un cliente.